제 가 먼 저 합 격 해 보 겠 습 니 다

2주 만에 바로 끝내는

TORFL
1단계

읽기 · 듣기

K.B060722

S 시원스쿨닷컴

머리말

토르플 1단계,
제가 먼저 합격해 보겠습니다!

안녕하세요, 시원스쿨 러시아어 대표강사 김애리입니다. 우선 저와 함께 '토르플(TORFL)' 시험 1단계를 준비하게 될 응시자 여러분들을 환영합니다.

'토르플(TORFL)' 시험을 준비하고자 이 교재를 구매하신 분들은 이미 이 시험에 대해 잘 알고 계실 겁니다. 사실 예전에는 대부분 러시아어 전공생들만 토르플 시험에 대해서 알고 있었습니다. 토르플 시험은 러시아어 전공생들 중에서도 졸업 요건을 취득하려는 학생들이 아닌 이상 일부만 보는 시험이었는데요, 응시자 수가 많지 않다 보니 다른 외국어에 비해 상대적으로 토르플 시험에 대한 정보나 자료가 굉장히 부족했습니다. 저도 대학생 시절 국내에 있는 자료가 너무 빈약해서 혼자 발품을 팔아가며 인터넷에서 자료도 검색해보고, 주변 러시아인 지인들에게 다른 교재는 없는지 물어봐 가며 어렵게 자료를 구해서 토르플 시험 준비를 했던 경험이 있습니다. 물론 예전에 비해서는 러시아어에 대한 관심도 많이 커졌고 토르플 시험에 대한 수요도 늘어나 다양한 컨텐츠들이 출시되고 있지만, 여전히 타 언어에 비해 토르플 시험 관련 정보와 자료는 그다지 많지 않은 실정입니다. 예전에 힘겹게 자료를 찾아가며 토르플을 준비했던 수험생의 입장으로서 그리고 10년간 교육 현장에서 러시아어 학습자들에게 토르플을 가르쳐 온 강사로서, 어떻게 하면 조금 더 쉽고, 간결하고 세심하게 시험 노하우를 전달할 수 있을까 많은 고민을 하던 찰나에, 좋은 기회로 토르플 1단계 수험서를 집필하게 되었습니다.

'제가 먼저 합격해 보겠습니다 토르플 1단계 – 읽기/듣기'에는 토르플(TORFL)에 대한 전반적인 시험 정보와 유형별 문법 사항 등이 상세히 설명되어 있어, 해당 시험에 대한 정보가 적은 학습자들도 쉽게 시험에 대해 파악하고 대비할 수 있습니다. 특히 '읽기/듣기' 영역 교재는 토르플 1단계에서 다루는 다수 유형의 지문을 다양하게 다루려고 노력했습니다. 최근 들어 토르플 1단계 '읽기/듣기' 영역 시험의 난이도가 조금 더 어려워졌기 때문에, 난이도가 높은 다양한 주제의 지문을 접하는 것이 합격을 위해서 반드시 필요합니다. 쉬운 난이도부터 어려운 난이도까지 다양한 난이도뿐만 아니라 다양한 주제의 지문을 수록했기 때문에 어떤 주제가 나와도 여러분들이 실제 시험에서 당황하지 않도록 하는 데 도움이 될 것입니다. 또한 읽기/듣기 영역 유형별 문제 풀이 후에는 실제 시험에 대비할 수 있도록 실전 모의고사도 수록되어 있습니다. 최신 출제 경향에 맞게 실제 시험에 가까운 지문 길이 및 난이도로 모의고사 문제를 구성하였으니, 응시자분들은 유형별 학습을 모두 끝낸 후 실전 모의고사를 통해 시간 분배 및 본인의 실력을 가늠해 볼 수 있을 것입니다.

토르플 1단계는 자격증 취득 및 단계를 위한 학습 과정이 아주 수월하다고는 볼 수 없는 중급 수준의 단계이지만, 차근히 대비한다면 독학으로도 충분히 합격할 수 있는 단계입니다. 물론 '어휘·문법, 읽기, 듣기, 쓰기, 말하기' 총 다섯 가지 영역을 모두 응시해야 하기 때문에 많은 응시자들이 부담을 가지기도 하지만, '먼저 합격 토르플 1단계 시리즈'와 함께 열심히 공부한다면 본인이 원하는 바를 충분히 이룰 수 있을 거라 생각합니다. 본 교재가 토르플을 준비하시는 응시자들에게 시험 합격에 한발짝 더 나아갈 수 있는 길라잡이가 되길 바랍니다.

마지막으로 '먼저 합격 토르플 1단계 – 읽기/듣기'를 집필하는데 많은 도움을 주고 응원과 애정을 아끼지 않고 보내준 시원스쿨 러시아어와 주변 지인들께 진심으로 감사의 인사를 전합니다.

토르플 시험을 준비하는 모든 분들에게 좋은 결과가 있으시기를 바랍니다!

Удачи вам!

저자 김애리 (Arisha)

목차

읽기 영역

TORFL

듣기 영역

정답 및 해설

무료 학습 부가자료

- 먼저 합격 토르플 1단계 듣기 영역 MP3
- 먼저 합격 토르플 1단계 어휘&표현집 PDF

* 모든 MP3와 PDF 자료는 시원스쿨 러시아어 사이트(russia.siwonschool.com)에서 쿠폰 번호를 입력한 후 무료로 이용 가능합니다.

교재의
구성과
특징

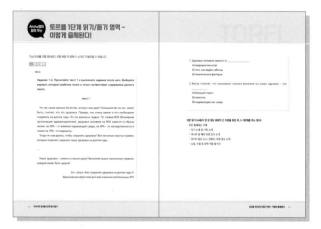

각 영역별 문제 유형 소개

토르플 1단계 읽기/듣기 영역의 문제 출제
유형을 철저히 분석하여, 각 유형별로 전
략적인 학습이 가능하도록 구성했습니다.

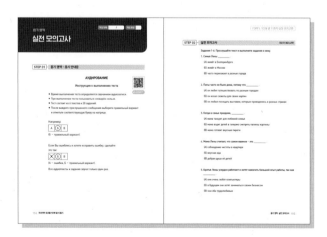

각 유형별 실전 연습 문제

최신 출제 경향을 반영한 다양한 유형의
실전연습 문제를 집중적으로 풀어 볼 수
있도록 구성했습니다.

실전 모의고사 1회분

실제 시험과 비슷하게 구성된 읽기/듣기
영역 실전 모의고사 1회분을 통해, 실전
감각을 키우고 막판 실력 점검까지 가능
합니다. 교재에 수록된 답안지에 직접 답
변을 기입하면서, 실제 시험을 치는 것처
럼 연습해 보세요.

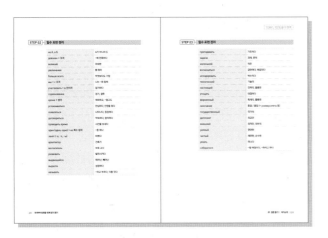

필수 표현 정리

토르플 1단계 읽기/듣기 영역을 대비하기 위해 꼭 알아 두면 좋은 필수 표현들을 정리해서 제공합니다. 문제 풀이를 끝낸 뒤, 필수 표현들을 보면서 어휘 실력을 더 탄탄하게 다져 보세요.

무료 MP3

실제 시험과 비슷한 속도로 녹음된 듣기 영역 MP3를 무료로 제공합니다. 교재에 수록된 QR 코드를 통해 MP3를 반복 청취하면서 듣기 실력을 키워 보세요.

저자 유료 직강 제공

토르플 1단계 읽기/듣기 영역 대비를 가장 효율적으로 할 수 있도록, 러시아어 No.1 강사의 노하우가 고스란히 담겨 있는 유료 직강을 함께 제공합니다.

* 저자 유료 직강은 시원스쿨 러시아어 사이트 (russia.siwonschool.com)에서 만나 보세요.

1. 토르플(TORFL) 시험이란?

토르플(TORFL)은 'Test of Russian as a Foreign Language'의 약자로서 러시아어 능력 시험을 뜻합니다. 러시아 연방 교육부 산하 기관인 '러시아어 토르플 센터'에서 주관하고, 외국인을 대상으로 러시아어 능력을 평가하는 시험입니다. 기초/기본 단계에서 4단계까지 총 여섯 단계로 나뉘어 있으며, 시험 과목은 어휘·문법, 읽기, 듣기, 쓰기, 말하기 – 총 5개의 영역으로 구성되어 있습니다. 현재 토르플은 러시아 내 대학교 또는 대학원의 입학 시험, 국내 기업체, 연구소, 언론사 등에서 신입 사원 채용 시험 및 직원들의 러시아어 실력 평가를 위한 방법으로 채택되고 있습니다.

2. 토르플(TORFL) 시험의 구성과 특징

☑ 토르플 시험 영역

토르플 시험은 어휘·문법, 읽기, 듣기, 쓰기, 말하기 – 총 5개의 영역으로 구성되어 있으며, 응시자의 러시아어 능력에 대한 종합적인 평가가 이루어집니다.

어휘·문법 (лексика. грамматика)	읽기 (чтение)	듣기 (аудирование)
어휘, 숙어 표현 및 문법적 지식을 평가	본문에 대한 이해력과 독해력을 평가	들려주는 본문에 대한 청취력과 내용을 이해하는 능력을 평가

쓰기 (письмо)	말하기 (говорение)
주어진 상황과 주제에 알맞은 작문 능력을 평가	주어진 상황에 적합한 말하기 능력을 평가

✅ 토르플 시험 단계

기초 단계 (элементарный уровень / A1)	가장 기초적인 의사소통이 가능함을 증명해 주는 단계로서, 기초 단계를 합격한 수험생은 일상생활에서 필요한 최소한의 러시아어 표현을 구사할 수 있습니다.
기본 단계 (базовый уровень / A2)	러시아어 구사 능력이 초급 수준임을 증명해 주는 단계이며, 기본 단계에 이른 응시자는 일상생활 및 사회, 문화와 관련된 분야에서 기본적인 의사소통을 표현할 수 있는 능력을 보유하고 있습니다.
1단계 (первый уровень / B1)	일상생활에서의 자유로운 의사소통뿐만 아니라, 사회, 문화, 역사 등의 분야에서 러시아인과 기본적인 대화가 가능한 중급 수준의 단계입니다. 일반적으로 러시아 대학에 입학하기 위해서는 1단계 인증서가 필요하며, 국내에서는 러시아어 전공자들의 대학 졸업 시험이나 기업체의 채용 및 직원들의 평가 기준으로 채택되고 있습니다.
2단계 (второй уровень / B2)	일상생활에서 원어민과 러시아어로 자유롭게 의사소통이 가능할 뿐만 아니라, 문화, 예술, 자연 과학, 공학 등 전문 분야에서도 상당한 의사소통 능력을 가지고 있음을 증명할 수 있는 단계입니다. 러시아 대학의 비어문계열 학사 학위 취득과 석사 과정 입학을 위한 자격 요건입니다.
3단계 (третий уровень / C1)	해당 단계는 수험생이 어문학 분야를 포함한 사회 전 분야에서 고급 수준의 의사소통을 구사할 수 있는 능력을 지니고 있고, 러시아어 구사 능력이 요구되는 전문 분야에서도 활동이 가능한 수준을 보유하고 있다는 것을 증명해 주는 단계입니다.
4단계 (четвёртый уровень / C2)	4단계는 토르플 시험 인증 단계 중 가장 높은 단계로, 원어민에 가까운 러시아어 구사 능력을 지니고 있는 가장 높은 공인 단계입니다. 이 단계의 인증서를 획득하면 러시아어문계열의 모든 교육과 연구 활동이 가능합니다.

✅ 토르플 시험 영역별 응시 시간

구분	기초 단계	기본 단계	1단계	2단계	3단계	4단계
어휘·문법	45~50분	50분	60분	90분	90분	60분
읽기	45분	50분	50분	60분	60분	60분
듣기	25분	30분	35분	35분	35분	45분
쓰기	40분	50분	60분	55분	75분	80분
말하기	25~30분	30~35분	40~45분	45분	45분	50분

✅ 토르플 시험 단계별 합격 점수 / 만점 (각 영역별 66% 이상)

구분	기초 단계 66% 이상	기본 단계 66% 이상	1단계 66% 이상	2단계 66% 이상	3단계 66% 이상	4단계 66% 이상
어휘·문법	66/100점	73/110점	109/165점	99/150점	66/100점	93/141점
읽기	79/120점	119/180점	92/140점	99/150점	99/150점	89/136점
듣기	66/100점	119/180점	79/120점	99/150점	99/150점	99/150점
쓰기	53/80점	53/80점	53/80점	43/65점	66/100점	62/95점
말하기	86/130점	119/180점	112/170점	96/145점	99/150점	108/165점

✅ 합격 기준

전체 5개 영역 중,

합격 기준	• 5개 영역을 66% 이상 득점한 경우 • 4개 영역을 66% 이상, 1개 영역을 60~65% 득점한 경우
과락 기준	• 3개 영역을 66% 이상 득점하였으나, 2개 영역의 득점이 66% 미만일 경우 → 2개 영역 재응시 • 1–2개 영역의 득점이 66% 이상이지만, 3–4개 영역의 득점이 66% 미만일 경우 → 전체 영역 재응시

✅ 재시험 제도

전체 영역 시험일을 기준으로, 재응시가 필요한 영역은 2년 내에 언제든지 재시험이 가능합니다. 또한, 합격을 할 때까지 재시험에 대한 횟수 제한은 없습니다. 하지만 2년이 지나면 전체 영역을 다시 응시하여야 합니다.

☑ 토르플 인증새 유효 기간

공식적으로 토르플 인증서 자체에는 유효 기간이 명시되어 있지 않습니다. 그러나 기업, 학교, 공공기관 등에서는 일반적으로 외국어의 인증서 유효 기간을 대부분 '자격 취득일로부터 2년'으로 인정하고 있음을 참고하시기 바랍니다. 인증서 제출처에 따라 유효 기간이 상이할 수 있으므로, 시험을 응시하기 전에 먼저 본인이 제출하고자 하는 기관에 해당 사항을 문의해 볼 것을 권해 드립니다.

☑ 시험 당일 준비물 및 유의 사항

• 준비물

1) 신분증(주민등록증, 운전면허증, 여권)
2) 필기도구(검정색 또는 파란색 볼펜으로 준비, 연필은 사용 불가)
3) 종이 사전(기본적으로 러-한 사전 지참 가능)
4) 수정 테이프
5) 손목시계

• 유의 사항

1) 일반적으로 시험 시작 30분 전까지 고사장에 입실 완료해야 합니다. 응시처에 따라 입실 완료 시간에 대해 별도로 안내하고 있으니, 시험을 접수한 후 개별적으로 받게 되는 시험 안내문을 꼼꼼히 확인해 주세요.
2) 커닝, 대리 시험, 전자 기기 사용 등의 부정행위가 적발될 경우, 시험 응시 자격이 박탈됩니다.
3) 좌석이 지정된 경우, 무단으로 자리를 이탈하거나 감독관의 허락 없이 임의로 자리를 변경하는 행위로 인해 시험 주최 측의 제재를 받을 수도 있습니다.
4) 시험지 혹은 답안지는 반드시 응시 기관에 제출해야 하며, 이를 준수하지 않을 시 시험 주최 측의 제재를 받을 수도 있습니다.

Arisha쌤이 알려 주는 토르플 시험 실전 꿀Tip

1. 사전을 이용할 수 있다는 점을 최대한 활용하라!

토르플은 외국어 평가 시험임에도 불구하고, 사전을 사용할 수 있는 영역이 정해져 있습니다. 바로 읽기, 쓰기, 말하기(일부 유형만 해당) 영역입니다. 이 사실을 알지 못한 채 시험을 준비하는 응시자 분들이 생각보다 많습니다. 독해 중에 모르는 단어가 있거나 작문 중에 긴장하다 보면 단어가 기억이 나지 않을 수도 있기 때문에, 특정 영역에서 사전을 사용할 수 있는 이 장점을 최대한 활용하실 것을 권장합니다. 단, 시험장에는 휴대폰이나 전자 기기 반입 및 사용이 금지되어 있으며, 오직 종이로 된 사전만 지참할 수 있습니다. 때문에 평소에 러시아어 공부를 하거나 토르플 시험을 준비하는 과정에서 종이 사전을 통해 단어를 찾는 습관을 반드시 길러 놔야 합니다. 기본적으로 러-한 사전을 지참할 수 있지만, 시행처 혹은 개인별 상황에 따라 러-영 혹은 러-러 사전도 허용되는 경우가 있습니다. 사전 사용에 관한 내용을 시험에 앞서 시행처에 확인해 보는 것이 가장 좋습니다.

2. 쉬는 시간에 섭취할 물과 간단한 간식을 챙겨라!

하루 안에 총 5가지 영역의 시험을 약 5시간에 걸쳐 보게 됩니다. 시험장마다 상황은 조금씩 다를 수 있지만, 일반적으로 점심 시간이 따로 주어지지 않는 경우가 많습니다. 또한 쉬는 시간도 길지 않아, 시험 중간에 외출하거나 다른 곳으로 이동할 여유가 없습니다. 긴 시간 동안 시험을 치다 보면 체력적인 부담이 적지 않으므로, 본인이 미리 챙겨간 물과 간단한 간식을 섭취하면서 틈틈이 당을 충전해 가며 집중력을 유지해야 합니다.

3. 부분 합격 제도가 있으니 전략적으로 영역을 공략하라!

원칙적으로는 5가지 영역의 점수가 각각 66% 이상이 되어야 합격으로 인정됩니다. 하지만 부분 합격 제도가 있으므로 본인이 자신 있는 영역을 우선적으로 준비하여 통과하는 전략을 활용할 수도 있습니다. 5개 영역 중 3개 이상 통과하였을 경우 2년간 통과한 영역을 면제해 주고, 과락한 1개 또는 2개 영역을 2년 내에 다시 응시할 수 있는 기회를 줍니다. 실제로 동시에 다섯 가지 영역을 한 번에 준비하는 일은 결코 쉽지만은 않습니다. 참고로 많은 응시자 분들이 객관식 형식의 필기 시험인 '어휘·문법', '읽기', '듣기' 영역을 먼저 통과하는 방식으로 시험을 준비합니다. 물론 한 번에 모든 영역을 합격하는 것이 가장 좋은 방법이지만, 개인마다 자신 있는 영역은 다르므로, 본인의 상황에 맞게 최대한 짧은 시간에 다섯 가지 영역을 모두 통과할 수 있는 전략을 세우시기를 바랍니다.

4. 응시 기관과 각 응시생에 따라 영역별 시험 순서는 랜덤하게 진행되므로 당황하지 말자!

토르플 시험을 준비하는 대부분의 응시자들은 주관식 형식인 '쓰기, 말하기' 영역을 객관식 형식의 필기 시험인 '어휘·문법', '읽기', '듣기' 영역보다 더 어려워하는 경향이 있습니다. 그래서 간혹 주관식 영역이 시험 순서상 앞쪽에 있는 경우에 상당히 당황하거나 이로 인해 다른 객관식 영역의 시험에까지 좋지 않은 영향을 끼치는 상황이 발생합니다. 시험 순서는 각 응시 기관의 상황에 따라 매번 랜덤하게 진행될 수 있으므로, 응시자 본인이 준비하거나 예상한 순서대로 시험을 치르지 않는다 해도 평정심을 잃지 않고 시험에 응하실 것을 조언 드립니다.

5. 시험 고사장 환경에 미리 대비하자!

현재 국내에서 토르플 시험을 치를 수 있는 곳은 전문 시험장이나 시설이 갖춰진 곳이 아닌, 일반 대학교나 사설 아카데미입니다. 때문에 시험을 응시할 때 돌발 상황이 자주 생기기 마련인데, 특히 주변에서 일어나는 생활 소음으로 인해 '듣기'와 '말하기' 영역을 응시할 때 불편함을 겪었다는 응시자들이 굉장히 많습니다. '듣기'나 '말하기' 영역을 준비할 때는 조용한 곳에서 혼자 공부하거나 연습하기보다는 어느 정도 소음이 있는 공간에서 연습하는 것이 실제 시험에서 당황하지 않고 집중력을 유지하는 데에 도움이 될 것입니다.

6. 국내에서 치뤄지는 토르플 시험은 모두 동일한 효력을 갖는다!

토르플 시험의 경우, 러시아 연방 교육부 산하 기관인 '러시아 토르플 센터'와 주요 국립 대학교 및 일부 교육 기관이 협력하여 시험 응시 및 전반적인 토르플 시험과 관련된 업무를 대행하고 있습니다. 그래서 시험을 통과한 뒤 받는 합격 증명서에도 각 대행 기관이 '발급 기관'으로 기재되고 있습니다. 예를 들어 모스크바 국립대학교(МГУ) 토르플 센터에서 시험을 본다면 합격 증명서에는 МГУ 센터의 직인이 기재되고, 반면 상트페테르부르크 국립대학교(СПбГУ) 토르플 센터에서 시험을 본다면 합격 증명서에는 СПбГУ 센터의 직인이 기재됩니다.

국내에서 토르플 시험을 응시하는 경우에도 대행 기관마다 시험 진행 방식이나 합격 증명서에 찍힌 직인이 다른 경우가 있어 응시생들이 당황하는 경우가 많습니다. 하지만 모두 공인된 토르플 시험으로 동일한 효력을 가지고 있으니 걱정하실 필요가 없습니다. 참고로 최근 발급되고 있는 토르플 합격 증명서에는 러시아 교육부 산하 '러시아 토르플 센터'의 직인도 함께 기재되고 있습니다.

[Tip] 토르플 시험 센터마다 시험 유형 및 문제 수, 난이도가 달라질 수 있습니다.

☑ 읽기 영역

〈예시〉

Задание 1-6. Прочитайте текст 1 и выполните задания после него. Выберите вариант, который наиболее полно и точно соответствует содержанию данного текста.

текст 1

Что же самое важное богатство, которое нам дают? Большинство из нас, может быть, считает, что это здоровье. Правда, оно очень важно и его необходимо сохранить на долгие годы. Но это довольно трудно. По словам ВОЗ (Всемирная организация здравоохранения), здоровье человека на 50% зависит от образа жизни, на 20% – от влияния окружающей среды, на 20% – от наследственности и только на 10% – от медицины.

Тогда что нам делать, чтобы сохранить здоровье? Вот несколько простых правил, которые позволят сохранить наше здоровье на долгие годы:

....

Наше здоровье – именно в наших руках! Выполняя выше написанные правила, каждый может быть здоров!

(по статьи «Как сохранить здоровье на долгие годы?»
Воронежской областной детской клинической больницы №1)

---

1. Здоровье человека зависит от _____.

    А) медицинских услуг

    Б) того, как ведём себя мы

    В) генетических факторов

2. Автор считает, что оказывает плохое влияние на наше здоровье – это

    _____.

    А) большой стресс

    Б) алкоголь

    В) окружающую нас среда

장문 읽기 (A4용지 한 장 정도 분량의 긴 지문을 읽은 후, 5~7문제를 푸는 형식)

• 주로 출제되는 주제

  – 자기 소개 및 가족 소개

  – 러시아 및 해외 유명 인사 소개

  – 러시아 중요 도시, 관광지, 유명 명소 소개

  – 소설, 수필 등 문학 작품 줄거리

☑ 듣기 영역

1) 유형①: 단문 듣기 (짧은 광고문, 공지, 뉴스, 안내문을 듣고 문제 풀기)

〈예시〉

Задание 1-3. Прослушайте текст и выполните задания к нему.

1. Говорящий рекомендует нам _____.

    А) посетить Сочи этим летом

    Б) провести лето в Египте

    В) путешествовать по летнему Санкт-Петербургу

2. _____ предоставляют всем клиентам.

    А) 10-процентную скидку

    Б) 15-процентную скидку

    В) 20-процентную скидку

3. Все желающие должны взять с собой _____.

    А) паспорт и регистрационную карту

    Б) только свои вещи

    В) медицинскую справку

• 주로 출제되는 주제

  – 여행사, 특정 제품 등의 광고

  – 대중 교통 안내 멘트

  – 단신 뉴스

2) 유형②: 대화문 듣기 (두 사람의 대화를 듣고 문제 풀기)

〈예시〉

Задание 1-4. Прослушайте диалог и выполните задания после него.

1. Говорящий А хочет узнать, _____.

   А) какие сувениры самые популяные в магазине

   Б) когда открывается магазин

   В) за сколько времени можно доехать до магазина

2. Говорящий Б – это _____.

   А) кассир

   Б) полицейский

   В) курьер

3. Говорящий А сейчас _____.

   А) работает в магазине, где они разговаривают

   Б) выбирает подарок на день рождения своих родителей

   В) хочет вернуть деньги себе

4. Говорящий Б _____.

   А) рекомендует говорящему А купить духи в подарок

   Б) говорит, что необходимо подать заявление о возврате денег

   В) закрывает магазин и говорит, чтобы говорящий А должен был прийти завтра.

• 주로 출제되는 주제

  – 상황별, 장소별에 따른 대화

  – 인터뷰

3) 유형③ 장문 듣기 (A4용지 한 장 정도 분량의 긴 지문에 5-7문제를 푸는 형식)

〈예시〉

Задание 1-5. Прослушайте текст и выполните задания к нему.

1. Лихачёв провёл своё детство _____.

   А) в Куоккале

   Б) в Санкт-Петербурге

   В) в Одессе

2. _____ Лихачёва был арестован.

   А) Из-за его первой научной статьи

   Б) Из-за участия в студенческом кружке

   В) Из-за пропаганды, которую он написал,

3. Когда Ленинград был в блокаде, _____.

   А) он перестал писать

   Б) он продолжал писать

   В) он начал зарабатывать

• 주로 출제되는 주제

  – 자기 소개, 가족 소개

  – 일화 (일상 생활 중 겪은 에피소드, 특정 사건에 대한 화자의 생각 등)

  – 사건 소개 (역사적 사실, 과학적 현상, 특정 사건에 대한 객관적 설명 등)

  – 러시아 및 해외 유명 인사 소개

  – 러시아 주요 도시, 관광지, 유명 명소 소개

Arisha쌤이 알려 주는

토르플 1단계 읽기/듣기 영역 – 이렇게 준비하자!

- **문제를 먼저 읽고 지문을 접하는 것이 좋다!**

  토르플 1단계 읽기/듣기 영역 시험은 문제만 읽어 봐도 쉽게 정답을 찾을 수 있습니다. 특히 장문 독해나 듣기 스크립트는 실제 텍스트와 연관성이 있는 내용들로 문제가 구성되기 때문에, 문제만 읽어도 지문에 어떤 내용이 등장할지 쉽게 추론이 가능합니다. 때문에 읽기/듣기 영역 시험을 보실 때에는 항상 문제를 먼저 읽고 전체적인 맥락을 파악한 뒤에, 지문을 접하는 것을 추천 드립니다. 특히 듣기 영역은 실제 문제와 관련된 스크립트가 나오기 전, 성우가 시험을 소개하는 시간이 꽤 길기 때문에 해당 시간을 활용해 전체 문제를 훑어보는 것도 좋습니다.

- **읽기/듣기 영역 지문에 나오는 모든 단어를 다 암기할 필요는 없다!**

  최근 토르플 1단계 읽기/듣기 영역에 나오는 지문의 길이가 예전보다 더 길어졌고 난이도도 점점 높아지고 있는 추세입니다. 때문에 응시자분들이 한 번도 접해 보지 못한 생소한 어휘들이 지문에 등장하는 경우가 종종 있는데요. 읽기/듣기 지문에 나오는 모든 어휘를 다 알고 있으면 물론 더 좋겠지만, 몇천 개나 되는 어휘를 모두 숙지하고 시험을 보기란 현실적으로 힘듭니다. 하지만 문제의 정답이 되는 단락은 응시자분들에게 친숙한 1단계 수준 어휘로 문장이 구성되어 있거나, 문제에서 힌트가 되는 어휘가 등장하기 때문에 정답은 충분히 쉽게 고를 수 있습니다. 또한 읽기/듣기 영역에서는 유사한 패턴의 지문이 자주 등장하기 때문에, 시험을 대비하다 보면 해당 지문에 등장하는 필수 표현도 반복적으로 학습하실 수 있습니다. 1단계 수준의 필수 어휘만 정리해 주어도 충분히 고득점을 얻을 수 있기 때문에, 굳이 모든 단어를 다 외우려고 스트레스를 받지 않으셔도 된답니다.

- **러시아 주요 도시, 유명 명소, 유명 인사에 대한 정보를 대략적으로 정리해 두자!**

  읽기/듣기 영역에서 주로 출제되는 장문 독해와 장문 듣기 유형에는 러시아의 주요 도시 소개, 유명 명소나 관광지 소개, 유명 인사와 관련된 이야기가 주로 출제가 됩니다. 때문에 시험 보기 전 해당 주제에 대한 정보를 대략적으로 정리를 해 둔다면, 지문의 난이도가 높더라도 충분히 본인이 가지고 있는 배경지식으로도 문제를 풀 수 있습니다. 백과 사전이나 인명 사전, 혹은 인터넷 검색을 통해 미리 러시아와 관련된 유명 인사, 관광지, 명소와 관련된 정보들을 꼭 숙지하시길 추천 드립니다.

- **접속사 но, хотя 뒤에 이어지는 문장을 주목하자!**

  읽기/듣기 지문을 찬찬히 살펴보면, 항상 접속사 'но 그러나' 혹은 'хотя 비록 ~일지라도' 다음에 이어지는 문장이 정답이 될 확률이 높습니다. 특히 듣기 영역 대화문 유형에서는 앞부분에 전달하는 내용이 아닌, 접속사 но 뒤에 이어지는 문장이 정답인 경우가 굉장히 많기 때문에 접속사 뒤를 꼭 주의해서 들을 필요가 있습니다.

토르플 1단계 읽기/듣기 영역 – 이렇게 준비하자! **19**

• 듣기는 같은 지문을 3회 이상 듣는 것이 도움이 된다!

토르플 1단계 듣기 영역 공부를 할 때, 무조건 다양한 주제의 듣기 지문을 접하는 것이 좋은 것만은 아닙니다. 물론 다양한 주제, 여러 난이도의 지문을 듣고 연습하는 것이 나쁜 학습법이라는 것은 아닙니다. 1단계 듣기 영역 문제들은 유형과 구조가 정해져 있기 때문에 비슷한 패턴의 문장, 똑같은 어휘가 반복해서 나오는 경향이 있습니다. 때문에 한 지문을 완벽히 이해하고 들을 수 있는 정도로 연습을 하신다면, 내용이 다르다 할지라도 비슷한 주제의 다른 지문들도 충분히 쉽게 이해할 수 있을 것입니다.

토르플 듣기 영역을 공부하실 때는 한 개의 지문을 최소한 3번 이상 듣는 것을 추천하며, 다음과 같은 방법으로 듣기 공부를 하는 것이 가장 효율적이라고 생각합니다.

1. 아무런 정보 없이 무작정 스크립트를 들어 보기
2. 해당 지문에 따른 스크립트를 눈으로 따라 읽으며 들어 보기
3. 스크립트에서 모르는 어휘를 검색해서 뜻을 숙지한 후, 성우와 같이 따라 읽으며 들어 보기

내 입 밖으로 소리 내어 발음할 수 있어야 단어가 들리고 또 쉽게 암기할 수 있기 때문에, 마지막 세 번째 방법은 성우와 비슷한 속도와 억양으로 따라 읽을 수 있을 때까지 계속해서 반복하는 것을 추천 드립니다. 다양한 주제를 접하는 것도 좋지만 하나의 지문을 완벽하게 마스터할 때까지 듣기 연습하는 것, 꼭 기억해 주세요.

• 실제 시험보는 것처럼 실전 모의고사를 풀어 보자!

유형별 읽기 및 듣기 연습을 마치고 난 뒤, 여러분들이 실제 시험과 같이 읽기/듣기 영역의 문제를 직접 풀어 보실 수 있도록 실전 모의고사와 정답지를 수록했습니다. 또한 실전 모의고사는 최신 출제 경향에 맞게 조금 더 난이도가 높고 길이가 긴 지문들로 구성을 해서 실제 시험에 가장 가까운 유형으로 연습해 볼 수 있습니다. 토르플 시험은 우리에게 익숙한 OMR 카드에 정답을 기재해 컴퓨터로 채점하는 방식이 아닌 수기로 채점하는 시험이기 때문에, 시험을 보실 때 함께 제공되는 정답지(матрица)에 정답을 펜으로 표시해야 합니다(일반적인 컴퓨터용 사인펜을 통한 마킹과 다른 방식입니다). 각 문항을 다 풀고 정답지에 표기하고 한 번 더 확인하려면, 읽기 50분, 듣기 35분이라는 시험 시간이 굉장히 촉박하게 느껴지는데요. 실제 시험장에서 시간이 부족해 문제를 다 못 풀거나 정답지에 옮겨 적지 못하는 학생들이 굉장히 많습니다. 때문에 시험 보기 직전, 꼭 실제 시험 시간에 맞춰서 실전 모의고사를 풀고 정답지에 마킹하는 연습까지 해 보는 것을 추천 드립니다.

* 읽기 영역 답안지

Чтение

РАБОЧАЯ МАТРИЦА

Имя, фамилия _____ Страна_____ Дата _____
Максимальное количество баллов — 140.

1	А	Б	В
2	А	Б	В
3	А	Б	В
4	А	Б	В
5	А	Б	В
6	А	Б	В

12	А	Б	В
13	А	Б	В
14	А	Б	В
15	А	Б	В
16	А	Б	В
17	А	Б	В

tip 선택안을 바꾸고 싶을 때에는, 답안지 교체나 수정 테이프를 사용할 필요 없이 이전의 선택안을 엑스로 표시하고 새로운 선택안에 체크하시면 됩니다.

* 듣기 영역 답안지

Аудирование

РАБОЧАЯ МАТРИЦА

Имя, фамилия _____ Страна_____ Дата _____
Максимальное количество баллов — 120.

1	А	Б	В
2	А	Б	В
3	А	Б	В
4	А	Б	В
5	А	Б	В
6	А	Б	В

17	А	Б	В
18	А	Б	В
19	А	Б	В
20	А	Б	В
21	А	Б	В

나만의 학습 플랜

📋 **나의 응시 예정일** _____

✏️ **나의 공부 다짐** _____

_____

✅ **15일 완성** 매일매일의 목표를 적고, 달성할 때마다 체크 박스에 표시해 보세요.

День 1	День 2	День 3	День 4	День 5
☐_____	☐_____	☐_____	☐_____	☐_____
☐_____	☐_____	☐_____	☐_____	☐_____
☐_____	☐_____	☐_____	☐_____	☐_____
☐_____	☐_____	☐_____	☐_____	☐_____
День 6	День 7	День 8	День 9	День 10
☐_____	☐_____	☐_____	☐_____	☐_____
☐_____	☐_____	☐_____	☐_____	☐_____
☐_____	☐_____	☐_____	☐_____	☐_____
☐_____	☐_____	☐_____	☐_____	☐_____
День 11	День 12	День 13	День 14	День 15
☐_____	☐_____	☐_____	☐_____	☐_____
☐_____	☐_____	☐_____	☐_____	☐_____
☐_____	☐_____	☐_____	☐_____	☐_____
☐_____	☐_____	☐_____	☐_____	☐_____

☑ 30일 완성 매일매일의 목표를 적고, 달성할 때마다 체크 박스에 표시해 보세요.

День 1	День 2	День 3	День 4	День 5
☐ _____	☐ _____	☐ _____	☐ _____	☐ _____
☐ _____	☐ _____	☐ _____	☐ _____	☐ _____
☐ _____	☐ _____	☐ _____	☐ _____	☐ _____
☐ _____	☐ _____	☐ _____	☐ _____	☐ _____

День 6	День 7	День 8	День 9	День 10
☐ _____	☐ _____	☐ _____	☐ _____	☐ _____
☐ _____	☐ _____	☐ _____	☐ _____	☐ _____
☐ _____	☐ _____	☐ _____	☐ _____	☐ _____
☐ _____	☐ _____	☐ _____	☐ _____	☐ _____

День 11	День 12	День 13	День 14	День 15
☐ _____	☐ _____	☐ _____	☐ _____	☐ _____
☐ _____	☐ _____	☐ _____	☐ _____	☐ _____
☐ _____	☐ _____	☐ _____	☐ _____	☐ _____
☐ _____	☐ _____	☐ _____	☐ _____	☐ _____

День 16	День 17	День 18	День 19	День 20
☐ _____	☐ _____	☐ _____	☐ _____	☐ _____
☐ _____	☐ _____	☐ _____	☐ _____	☐ _____
☐ _____	☐ _____	☐ _____	☐ _____	☐ _____
☐ _____	☐ _____	☐ _____	☐ _____	☐ _____

День 21	День 22	День 23	День 24	День 25
☐ _____	☐ _____	☐ _____	☐ _____	☐ _____
☐ _____	☐ _____	☐ _____	☐ _____	☐ _____
☐ _____	☐ _____	☐ _____	☐ _____	☐ _____
☐ _____	☐ _____	☐ _____	☐ _____	☐ _____

День 26	День 27	День 28	День 29	День 30
☐ _____	☐ _____	☐ _____	☐ _____	☐ _____
☐ _____	☐ _____	☐ _____	☐ _____	☐ _____
☐ _____	☐ _____	☐ _____	☐ _____	☐ _____
☐ _____	☐ _____	☐ _____	☐ _____	☐ _____

토르플
1단계
읽기 영역
Чтение

읽기 영역

01 장문 독해 1 자기소개 ①

🖊 오늘의 학습 목표

☑ 지문 및 문제 풀이: 자기소개 ①

☑ 필수 표현 정리

STEP 01 ── 지문 및 문제 풀이   정답 및 해설 **p.161**

Меня зовут Михаил. Я учусь в Московском университете на медицинском факультете на третьем курсе. Мой родной город не Москва, а Иркутск. И сейчас я живу в Москве один. А моя семья, конечно, живёт в Иркутске.

Я решил учиться именно в Москве, потому что в Московском университете читает лекции самый опытный и известный хирург России. Я очень доволен тем, что могу слушать его уроки. Я тоже хочу стать таким же великим врачом, который помогает больным пациентам.

У меня очень много увлечений. Но больше всего я люблю заниматься спортом. После занятий мы с друзьями всегда играем в футбол на стадионе. Я главный игрок университетской футбольной команды. Поэтому я часто езжу в другие города участвовать в соревнованиях.

А ещё я очень люблю играть в теннис. В выходные я играю в теннис на теннисном корте.

Кроме спорта, я люблю слушать музыку. Из всех жанров я больше всего люблю классическую музыку. Поэтому я часто хожу в филармонию слушать концерты. Когда я слушаю классическую музыку, я успокаиваюсь. И мне кажется, что я смогу решить все свои проблемы.

Я люблю знакомиться с новыми людьми. И у меня всегда появляются новые друзья. Недавно я познакомился с Олей, которая тоже любит классическую музыку. Она сказала мне, что она тоже часто одна ходит в филармонию. Мы договорились вместе слушать концерты. Мы вместе пойдём слушать Чайковского на следующей неделе.

Я редко езжу в свой родной город, раза 2–3 в год. Потому что из Москвы до Иркутска очень далеко, и билеты на самолёт дорого стоят. И ещё в Иркутске мало интересного. Почти все мои школьные друзья учатся не в Иркутске, а в других городах, поэтому я провожу время только с семьёй, когда я езжу туда. У нас в семье папа, мама, младший брат и я.

Младший брат пока учится в восьмом классе, он живёт с родителями. Он очень любит меня, и очень хочет, чтобы я часто приезжал в Иркутск. Ему тоже очень нравится футбол, и когда мы встречаемся, мы весь вечер разговариваем о нашей любимой футбольной команде. Проводить свободное время с братом – это одно из самых любимых занятий.

Мои родители всегда заняты. Папа – архитектор, а мама – воспитатель детского сада. Папа создаёт прекрасные современные здания, чтобы развивать Сибирь. Все здания, которые построил мой папа, очень красивые. Говорят, что папа выдающийся архитектор.

Мама работает в детском саду уже 10 лет. Она очень любит детей, поэтому всегда помогает им и воспитывает, чтобы они выросли добрыми. Дети называют мою маму лучшим воспитателем в мире.

1. **Михаил решил учиться именно в Москве, потому что _____ .**

(А) он хочет слушать лекции самого опытного и известного хирурга России

(Б) он хочет поступить в Московский университет на медицинский факультет

(В) он не хочет жить с семьёй

2. **Михаил очень любит заниматься спортом, и _____ .**

(А) он занимается всеми видами спорта

(Б) он часто смотрит телепередачи

(В) он играет в университетской футбольной команде

3. Михаил часто один ходит в филармонию, потому что _____ .

(А) он хочет познакомиться с новой подругой

(Б) он успокаивается, когда слушает классическую музыку

(В) он может решить все проблемы

4. Младший брат Михаила очень ждёт, _____ .

(А) когда родители вернутся в родной город

(Б) когда Михаил приедет в Иркутск и будет разговаривать с ним о футболе

(В) когда встретится со школьными друзьями

5. Дети, которые ходят в детскйи сад, называют маму Михаила _____ .

(А) лучшим воспитателем в мире

(Б) хорошим строителем

(В) талантливым футболистом

не А, а Б	А가 아니라 Б
доволен + 조격	~에 만족하다
великий	위대한
увеличения	복 취미
больше всего	무엇보다도 가장
мы + с 조격	나는 ~와 함께
участвовать + в 전치격	참가하다
соревнование	경기, 결투
кроме + 생격	제외하고, ~말고도
успокаиваться	안심하다, 안정을 찾다
появляться	나타나다, 등장하다
договориться	약속하다, 합의하다
проводить время	시간을 보내다
один (одна, одно) + из 복수 생격	~중 하나
занят (–а, –о, –ы)	바쁘다
архитектор	건축가
воспитатель	보육 교사
развивать	발전시키다
выдающийся	뛰어난, 빼어난
вырасти	성장하다
называть	~라고 부르다, 이름 짓다

02 장문 독해 2 자기소개 ②

✏️ 오늘의 학습 목표

☑️ 지문 및 문제 풀이: 자기소개 ②

☑️ 필수 표현 정리

STEP 01 지문 및 문제 풀이 정답 및 해설 p.163

Меня зовут Светлана. Я бывшая балерина. Сейчас я не выступаю в балетных спектаклях, потому что мне уже 42 года. Я создала центр балета и учу детей, чтобы они стали хорошими артистами балета.

С детских лет у меня был огромный талант к танцам. У нас в семье было всего четверо детей, и мы все очень любили музыку. Поэтому наша семья часто устраивала вечеринки и мы все вместе танцевали и пели.

Я лучше всех танцевала, и все называли меня маленькой балериной. Когда вся семья собиралась в гости, бабушка всегда просила, чтобы я станцевала для неё. И я с удовольствием танцевала на домашних спектаклях.

После того как я поступила в школу, я продолжала танцевать. У моей мамы есть близкая подруга, которую зовут Анастасия Павлова. Она была очень известной балериной и солисткой в Мариинском театре. Когда она приходила к нам в гости, она смотрела на то, как я танцую.

И однажды она предложила индивидуальные занятия для меня. Сначала мои родители были против, потому что они хотели, чтобы я стала врачом, как они. Но потом они поняли, что у меня талант, и наконец, разрешили.

Анастасия Павлова была очень хорошим учителем балета. Благодаря ей я смогла больше узнать о балете и стала любить его ещё больше.

Когда мне было 15 лет, я поступила в балетное училище. Благодаря тому что я усердно училась, я очень быстро стала главной героиней на балетных спектаклях училища. На одном из таких спектаклей меня заметил режиссёр Мариинского театра, и пригласил на работу.

Когда я впервые начала танцевать в Мариинском театре, мне было очень трудно. Там было много хороших талантливых балерин, поэтому мне казалось, что у меня нет таланта и я не стану хорошей балериной.

Ещё надо было всегда жить в конкуренции, чтобы стать солисткой. По этой причине я день и ночь танцевала. Конечно тогда было очень трудно, но я считаю, что это время – самое интересное и неповторимое в моей жизни.

Через 2 года после того, как я начала работать в Мариинском театре, я наконец стала солисткой. Я танцевала в таких спектаклях, как «Спящая красавица», «Лебединое озеро» и т. д. Все признали меня лучшей балериной России, и я всегда имела большой успех на своих спектаклях.

Хотя сейчас я не танцую в театрах, я до сих пор очень люблю балет. Я хочу, чтобы мои ученики тоже полюбили балет так же, как я.

1. Содержанию текста соответствует название _____ .

(А) «Известная балерина и её жизнь»

(Б) «Балетный центр Светланы»

(В) «Светлана и Мариинский театр»

2. В детстве Светлана танцевала лучше всех и все называли её _____ .

(А) солисткой Мариинского театра

(Б) маленькой балериной

(В) известной балериной

3. Родители Светланы наконец разрешили ей учиться танцевать, потому что
_____ .

(А) они поняли, что Анастасия очень хороший учитель

(Б) они поняли, что Светлана очень любит танцы

(В) они поняли, что Светлана очень талантлива

4. Светлане было очень трудно, когда она начала танцевать в Мариинском театре, потому что _____ .

(А) кроме неё там очень много талантливых балерин

(Б) она очень плохо танцевала

(В) все не любили её танцы

5. Светлана хочет, _____ .

(А) чтобы её ученики усердно занимались

(Б) чтобы её ученики выступали в балетных спектаклях

(В) чтобы её ученики полюбили балет

бывший	이전의
выступать	공연하다, 연설하다
создать	만들다, 창조하다
талант + к 여격	~에 대한 재능
устраивать	계획하다
собираться	모이다 / ~할 예정이다
поступить	입학하다
близкий	가까운, 친한
однажды	어느 날
предложить	제안하다
индивидуальный	개인의
разрешить	허락하다
благодаря тому, что	덕분에
главный	주된, 주요한
заметить	알아차리다, 눈치채다
казаться	여기다, 보이다
конкуренция	경쟁
по причине	~한 이유로
признать	인정하다
иметь успех	성공하다
до сих пор	이때까지
так же, как	~와 동일한, 똑같은

03 장문 독해 3 인물 소개 ①

✏️ 오늘의 학습 목표

☑️ 지문 및 문제 풀이: 인물 소개 ① – Майкл Джексон

☑️ 필수 표현 정리

STEP 01 지문 및 문제 풀이   정답 및 해설 **p.165**

Однажды известный американский певец Майкл Джексон пригласил своих знакомых к себе в гости. Джексон и его друзья очень хорошо проводили время. Они пели песни и танцевали всю ночь.

Известная певица Синди Лопер заметила, что у них не хватает алкоголя и сказала, что она пойдёт купить пиво.

Когда Синди Лопер открыла дверь, она увидела 4 детей, которые стояли у двери. Они были одеты в старые футболки и заношенные брюки. И казалось, что они уже несколько дней ничего не ели. Бедные дети очень испугались, они совсем не думали, что дверь вдруг откроется.

Синди Лопер спросила детей: «Ребята, что вы делаете около чужого дома?» Самый смелый мальчик из детей ответил: «Простите нас, Синди Лопер! Мы ничего не делали. Мы не собирались ничего у вас красть или просить. Просто Вы прекрасно поёте, и мы хотели послушать ваши голоса. Мы даже сами не заметили, что стоим у двери чужого дома.»

Тогда Майкл Джексон услышал этот разговор. Он попросил Синди Лопер, чтобы она впустила детей в его дом. В доме было светло, и дети стали выглядеть ещё беднее. У них не было даже обуви.

Майкл Джексон приветливо спросил детей: «Ребята, вы когда-нибудь слышали мои песни?». Они ответили, что конечно слышали и очень любят его песни. После того как Майкл Джексон услышал ответ детей, он улыбнулся и начал петь свои песни.

После того как Майкл спел, дети долго аплодировали. Его прекрасный голос и чудесные песни произвели на детей незабываемое впечатление. Майкл дал всем детям свои диски и 500 долларов, чтобы они купили еду.

Дети поблагодарили за его доброту и великодушие, и захотели стать таким же хорошим человеком, чтобы помогать бедным людям.

Самый смелый мальчик, Лил Уэйн стал известным во всём мире хип-хоп артистом. Он старается помогать бедным людям, как и хотел в детстве.

1. Синди Лопер заметила, что _____ и захотела купить пиво.

(А) у них мало алкоголя

(Б) она хочет пить ещё больше

(В) Майкл Джексон хочет пить пиво

2. Почему дети очень испугались, когда открылась дверь?

(А) Потому что они собирались что-нибудь украсть.

(Б) Потому что появилась Синди Лопер.

(В) Потому что они не думали, что дверь вдруг откроется.

3. Дети стояли у подъезда, потому что _____ .

(А) они хотели слушать голоса известных артистов

(Б) они хотели попросить у Майкла Джексона какую-нибудь еду

(В) они хотели петь с артистами

4. Что сделал Майкл Джексон для детей?

(А) Он хотел, чтобы дети пели для него.

(Б) Он попросил детей дать ему диски.

(В) Он спел свои песни и дал им деньги на еду.

5. Дети захотели _____ .

(А) стать таким же человеком, как Майкл Джексон

(Б) стать хип-хоп артистами

(В) стать известными людьми

пригласить	초대하다
хватать	충분하다
одет (-а, -о, -ы) + в 대격	입고 있다
бедный	불쌍한, 가난한
испугаться	놀라다
чужой	타인의, 낯선
простить	용서하다
красть	훔치다
впустить	들여보내다
выглядеть	생기다, ~처럼 보이다
приветливо	상냥하게
когда-нибудь	언제든지 간에, 언젠가
аплодировать	박수치다
чудесный	기적의
произвести впечатление + на 대격	~한테 ~한 인상을 주다
поблагодарить	고마워하다
доброта	선, 착함
великодушие	관용

04 장문 독해 4 인물 소개 ②

✎ 오늘의 학습 목표

☑ 지문 및 문제 풀이: 인물 소개 ② – Стив Джобс

☑ 필수 표현 정리

STEP 01 ── 지문 및 문제 풀이　　　　　　　　　　정답 및 해설 **p.167**

Стив Джобс – американский бизнесмен, изобретатель и промышленный дизайнер, получивший широкое признание во всём мире. Наибольшую известность Джобс получил, как один из основателей глобальной компании «Apple» и киностудии «Pixar». Многие считают его настоящим революционером в области мобильной техники.

Стив Джобс родился 24 февраля 1955 года в Сан-Франциско. Раннее детство Стива Джобса было несчастным. Все родные и близкие мамы Джобса были против свадьбы его родителей, потому что папа Джобса сириец. Поэтому родители Джобса прожили вместе недолго, и развелись. В результате развода родителей Джобса отдали на воспитание приёмным родителям.

К счастью, они очень любили Стива и старались дать ему лучшее воспитание и образование. Благодаря им Стив Джобс вырос добрым и грамотным человеком. Например, приёмный отец Джобса обучил его основам электроники и благодаря этому мальчик уже мог самостоятельно разбирать и собирать различную технику. Он очень хорошо разбирался в технике.

Когда Стиву Джобсу исполнилось 20 лет, он впервые создал компьютер своими руками. Тогда он серьёзно задумался о продаже техники, которую он сам создавал и о создании своей собственной компании. Для того, чтобы создать компанию, ему нужны были деньги. Он с друзьями продали личные вещи, и смогли собрать капитал для основания компании.

Стив Джобс и его друзья успешно создали свою продукцию, которая тогда называлась «Apple 1». Они активно рекламировали её. Они сделали уникальный логотип, который теперь известен во всём мире. Их компания очень быстро развивалась, и их продукцию начали покупать во всём мире.

В результате техника Apple начала распространяться по всему миру и стала одной из самых известных и уникальных компаний.

Эксперты всегда задаются вопросом, почему именно продукция Apple так быстро стала известна и долгое время занимает первое место на рынке мировой электроники. Многие говорят, что это стало возможно только благодаря Стиву Джобсу. Хотя Стива Джобса уже нет на свете, его замечательные изобретения до сих пор любят и покупают во всём мире.

1. Какое название соответствует содержанию текста?

(А) «Стив Джобс и его компания»

(Б) «Уникальный изобретатель, Стив Джобс»

(В) «Бедное детство Стива Джобса»

2. Стив Джобс начал разбираться в технике _____ .

(А) благодаря приёмному отцу

(Б) благодаря биологическому отцу

(В) благодаря учителю

3. Когда Стив Джобс впервые создал компьютер, он захотел _____ .

(А) создать собственную компанию и продавать технику

(Б) устроиться на работу

(В) создать что-то другое

4. В результате того, что техника «Apple» начала распространяться по всему миру, _____ .

(А) Стива Джобса признали лучшим изобретателем во всём мире

(Б) Стив Джобс не работал

(В) компания «Apple» стала одной из самых известных и уникальных

5. Многие говорят, что благодаря Стиву Джобсу _____ .

(А) люди покупают мобильную технику

(Б) продукция «Apple» долгое время занимает первое место на рынке

(В) можно увидеть красивую мобильную технику

изобретатель	발명가
промышленный	산업의
известность	유명세
основатель	설립자, 창립자
свадьба	결혼
развестись	이혼하다
в результате + 생격	~의 결과로
приёмный	입양의, 채용하는
к счастью	다행히도
грамотный	학식이 깊은
обучить	교육하다
разбираться	능통하다, 잘 알다
задуматься	생각에 잠기다
собственный	자기 자신의
личный	개인의, 사적인
активно	활발하게
рекламировать	선전하다, 광고하다
продукция	제품
распространяться	퍼지다, 유행하다
задаваться	결심하다, 목표를 세우다
замечательный	훌륭한, 놀랄 만한

05 장문 독해 5 인물 소개 ③

✏️ 오늘의 학습 목표

- ☑️ 지문 및 문제 풀이: 인물 소개 ③ – Ю. А. Гагарин

- ☑️ 필수 표현 정리

STEP 01 ─ **지문 및 문제 풀이**   정답 및 해설 p.169

Юрий Алексеевич Гагарин родился 9 марта 1934 года в деревне Клушино Смоленской области. В 1941 году будущий космонавт пошёл в школу, однако из-за войны не смог продолжить обучение.

В 1945 году семья Гагарина переехала в город Гжатск. После школы он учился в разных училищах. После армии он решил учиться в военно-авиационном училище. Ведь именно в армии он понял, что хочет летать. Полёты – это его мечта.

С 1954 года Юрий начал заниматься в Саратовском аэроклубе. В 1955 году он совершил свой первый полёт на самолёте Як-18.

Затем Гагарин продолжил учиться в Оренбургском авиационном училище. Когда он узнал об отборе космонавтов, он сразу подал документы. И у него всё получилось, он вошёл в группу кандидатов в космонавты. Попасть туда было нелегко, но Юрий был старательным студентом. Примерно через год его признали годным для полётов в космос.

12 апреля 1961 года Юрий Алексеевич Гагарин совершил первый в истории человечества полёт в открытый космос. Космонавту организовали пышную встречу в Москве. Он стал героем Советского Союза.

У Юрия Алексеевича было две дочки, которых он очень любил. Хотя Юрий был очень занят полётами, каждую свободную минуту он старался проводить с семьёй.

Он никогда не запрещал держать в доме животных. У них дома были: кошки, собаки, попугаи, белки. Некоторое время в квартире жила маленькая лань. Жена очень любила Юрия и никогда с ним не спорила. У них была идеальная семья.

В один из своих полётов Гагарин написал письмо семье, в котором говорил, что ближе и роднее для него никого нет, чем его любимые женщины. Просил их поддерживать друг друга. Не забывать его пожилых родителей. Он предчувствовал свою смерть.

27 марта 1968 года первый в мире космонавт погиб в авиационной катастрофе. Это была огромная потеря не только для космонавтики, но и для всего человечества.

1. Юрий Гагарин не смог продолжить учёбу в школе _____ .

(А) из-за болезни

(Б) из-за полёта

(В) из-за войны

2. Когда Юрий Гагарин служил в армии, он понял, что _____ .

(А) он хочет переехать в другой город

(Б) он хочет учиться

(В) он хочет летать

3. После того, как Юрий Гагарин подал документы для полёта в космос, _____ .

(А) он сразу полетел в космос

(Б) у него ничего не получилось

(В) его выбрали как кандидата в космонавты

4. У Юрия Гагарина была очень дружная семья, и _____ .

(А) он почти всю жизнь жил со своими дочерьми

(Б) он старался проводить с семьёй своё свободное время

(В) он часто спорил с женой

5. Юрий Гагарин погиб _____ .

(А) из-за других космонавтов

(Б) из-за дорожной катастрофы

(В) из-за авиакатастрофы

будущий	미래의
обучение	교육
именно	바로, 즉
полёт	비행
совершить	완수하다
затем	후에
подать	제공하다, 제출하다
космонавт	우주인
признать	인정하다, 승인하다
человечество	인류
организовать	조직하다, 구성하다
стараться	노력하다
запрещать	금지하다
спорить	논쟁하다, 말다툼하다
поддерживать	지지하다, 지원하다
друг друга	서로 서로를
смерть	죽음
катастрофа	사고

06 장문 독해 6   인물 소개 ④

✎ **오늘의 학습 목표**

☑ 지문 및 문제 풀이: 인물 소개 ④ – Л. Н. Толстой

☑ 필수 표현 정리

STEP 01   지문 및 문제 풀이   정답 및 해설 p.171

Лев Николаевич Толстой родился 28 августа 1828 года в имении Ясная Поляна. Семья писателя принадлежала к богатому дворянскому роду. Мать писателя умерла рано. Детей воспитывал двоюродный брат отца. Но через 7 лет умер отец. Поэтому детей отдали на воспитание тёте. Детство Толстого было трудным, но в своих произведениях он с теплотой рассказывает об этом периоде жизни.

Образование Лев Николаевич получил дома. Потом он поступил в Императорский Казанский университет. Но учился он не очень успешно.

Затем Толстой служил в армии. Тогда у него было много свободного времени. Уже тогда он начал писать автобиографический рассказ «Детство». В этом произведении много хороших воспоминаний из детства писателя.

Также Лев Николаевич участвовал в Крымской войне. В этот период он создал много хороших произведений, например «Отрочество», «Севастопольские рассказы» и так далее. Потом, устав от войн, он уехал в Париж.

Через некоторое время Лев Николаевич вернулся в Россию и женился на Софье Бернс. С тех пор он стал жить с женой в родном имении и заниматься литературным творчеством.

Толстой очень не любил, когда ему мешали писать романы. Поэтому он разрешал входить в свой кабинет только своей жене.

Первым его большим произведением стал роман «Война и мир». Писатель создавал этот роман около десяти лет. Роман хорошо приняли и читатели, и критики. После этого Лев Николаевич создал роман «Анна Каренина». Этот роман является наиболее знаменитым произведением Толстого.

В начале 90-х годов Лев начал болеть. Осенью 1910 года в возрасте 82 лет остановилось сердце писателя. Его похоронили в родовом имении, в Ясной Поляне.

1. Какое название соответствует содержанию текста?

(А) «Толстой и Ясная Поляна»

(Б) «Великий писатель, Л. Н. Толстой»

(В) «Толстой и его знаменитые произведения»

2. Почему тётя воспитывала Толстого?

(А) Потому что Толстой очень любил свою тётю.

(Б) Потому что родители Толстого не хотели воспитывать своих детей.

(В) Потому что родители Толстого рано умерли.

3. Когда Толстой служил в армии, он написал роман, _____ .

(А) в котором рассказывает о свободном времени

(Б) в котором рассказывает о воспоминаниях из своего детства

(В) в котором рассказывает о Крымской войне

4. После того как Толстой вернулся в Россию, _____ .

(А) он с женой поехал в родное имение и начал жить там

(Б) он сразу начал писать произведения

(В) он не хотел писать

5. Роман _____ является самым известным произведением Толстого.

(А) «Война и Мир»

(Б) «Детство»

(В) «Анна Каренина»

STEP 02 — 필수 표현 정리

принадлежать	소속이다
двоюродный	사촌의
произведение	작품
успешно	성공적으로
служить	복무하다
воспоминание	추억
например	예를 들면
с тех пор	그때부터
творчество	창조물, 창작
мешать	방해하다
входить	들어오다, 입장하다
принять	받아들이다
критик	평론가
являться	~이다
похоронить	묻다, 매장하다

07 장문 독해 7 　인물 소개 ⑤

✏ 오늘의 학습 목표

☑ 지문 및 문제 풀이: 인물 소개 ⑤ – С. В. Рахманинов

☑ 필수 표현 정리

STEP 01 ─ 지문 및 문제 풀이　　　　　　　　정답 및 해설 p.173

Сергей Васильевич Рахманинов родился 20 марта 1873 года в дворянской семье. Будущий композитор с ранних лет увлекался музыкой, уже в 5 лет играл на фортепьяно.

Рахманинов провёл детские годы в усадьбе недалеко от Новгорода. Благодаря этому он навсегда полюбил жизнь среди природы, в кругу близких людей. Но эти счастливые годы были очень короткими: родители расстались, усадьбу продали.

В 1882 году девятилетний Рахманинов поступил в Петербургскую консерваторию. Маленький Рахманинов был ленивым и нетрудолюбивым, поэтому он очень плохо вёл себя на уроках и, конечно, плохо учился.

Но с 1885 года, когда он начал учиться в Московской консерватории, он изменился. Рахманинов учился в Московской консерватории в классе педагога Николая Зверева. Это был удивительный человек. Он не только учил своих учеников играть на пианино, но и воспитывал их, как родители. Он позволял всем своим ученикам жить в своём доме бесплатно. Зверев очень любил своих детей, но зато он был очень строгим учителем. Благодаря Звереву Рахманинов научился серьёзно работать и планировать своё время.

Рахманинов недолго прожил в России. В конце 1917 года Рахманинов отправился на гастроли в Европу – сначала в Швецию, а затем в Данию, откуда на родину уже не вернулся. Хотя Рахманинов долгое время жил за границей, он оставался русским композитором. Все его произведения этих лет полны мыслями о России, памятью о ней. Он очень скучал по родине.

Когда началась Вторая мировая война, Рахманинов уехал из Европы в США. Несмотря на бурную концертную деятельность в Америке, в это время он почти не создавал ничего нового. Он давал много концертов, и деньги от них передавал русской армии.

Рахманинов долго жил за границей, но у него в душе осталась любовь к родине и чувство патриотизма. К сожалению, Рахманинов не дожил до победы своей любимой родины. Он умер перед окончанием войны. Так как Рахманинов любил Россию и никогда не забывал о родине, многие считают его великим русским композитором‒патриотом.

1. Содержанию текста соответствует название _____ .

(А) «Воспоминания о детстве Рахманинова»

(Б) «Великий русский композитор, Рахманинов»

(В) «Ленивый композитор, Рахманинов»

2. Счастливое детство Рахманинова рано закончилось, потому что _____ .

(А) он не любил деревню

(Б) в деревне у него не было близких друзей

(В) его родители расстались и он больше не мог жить в деревне

3. Когда Рахманинов учился в Петербургской консерватории, _____ .

(А) он не старался

(Б) он был самым старательным учеником в классе

(В) все учителя не любили его

4. Благодаря строгому учителю Звереву Рахманинов _____ .

    (А) стал усердно заниматься и думать о будущем

    (Б) стал учиться в Московской консерватории

    (В) стал занимать первое место в классе

5. Рахманинов иммигрировал за границу и очень скучал по родине, поэтому _____ .

    (А) он часто возвращался в Россию

    (Б) он провёл последние годы жизни в России

    (В) он создавал много произведений о России и отправлял русской армии деньги для победы в войне

STEP 02 — 필수 표현 정리

композитор	작곡가
увлекаться	매료되다 / 열중하다
навсегда	영원히
расстаться	헤어지다
ленивый	게으른
нетрудолюбивый	불성실한
вести себя	태도가 어떠하다
измениться	변하다
педагог	교육자
бесплатно	무료로
строгий	엄격한
отправиться	출발하다
за границей	해외에서
мысль	사상
скучать + по 여격	그리워하다
несмотря + на 대격	~에도 불구하고
патриотизм	애국주의
окончание	종결 / 졸업
считать	세다, 생각하다

08 장문 독해 8   인물 소개 ⑥

✏️ **오늘의 학습 목표**

☑️ 지문 및 문제 풀이: 인물 소개 ⑥ – А. П. Чехов

☑️ 필수 표현 정리

STEP 01 — 지문 및 문제 풀이   정답 및 해설 **p.175**

Антон Павлович Чехов – известный русский писатель. По профессии он врач. Он создал более 300 произведений. Они переведены более чем на 100 языков. В наше время его пьесы ставят не только в России, но и за рубежом.

Чехов родился 17 января 1860 года в Таганроге в семье купца. С детства вместе с братьями он помогал отцу. Он получил хорошее образование. Учился в университете Москвы на медицинском факультете. Во время учёбы он много подрабатывал.

Также на первом курсе университета он начал писать. Он писал маленькие смешные рассказы для газет и журналов. Чехов окончил университет в 1884 году. После этого занимался врачебной практикой.

В марте 1892 года Чехов купил имение «Мелихово». Там он построил три школы, помогал людям, лечил больных. Он очень сильно уставал.

Но именно в Мелихове Чехов написал одно из своих самых известных произведений – пьесу «Чайка». Он начал писать пьесу «Чайка» в 1895 году. А в октябре 1896 года была первая постановка на сцене петербургского Александринского театра. Но, к сожалению, пьеса не имела успеха.

«Чайка» – это пьеса о любви и о смысле жизни. А символ чайки – это полёт и движение. Хотя эта пьеса называется «комедией», она совсем не весёлая. В пьесе много трагичных моментов, много личных переживаний Чехова. Эта пьеса была очень важна для него. Поэтому ему было тяжело принять то, что пьеса не имела успех.

Первый заслуженный успех пьеса «Чайка» получила на сцене МХТ в 1898 году.

1. Сегодня пьесы Чехова _____ .

(А) никого не интересуют

(Б) переведены на многие языки и ставятся на сценах театров во всём мире

(В) вообще неизвестны людям

2. В детстве маленький Антон и его братья _____ .

(А) много подрабатывали

(Б) усердно учились в школе

(В) помогали своему отцу в магазине

3. Для чего Чехов писал смешные рассказы?

(А) Для того, чтобы печататься в газетах и журналах.

(Б) Для того, чтобы показать их своим знакомым.

(В) Для того, чтобы окончить университет.

4. В 1892 году Чехов купил имение «Мелихово» и _____ .

(А) там просто отдыхал

(Б) там построил школы и оказывал людям медицинскую помощь

(В) там часто болел

5. Когда пьеса «Чайка» не имела успех, Чехову было очень грустно, потому что

_____.

   (А) он очень долго писал её

   (Б) он хотел много зарабатывать

   (В) в ней написано о личных переживаниях Чехова и она много значит для него

| STEP 02 | 필수 표현 정리 |

по профессии	직업에 따르면
переведён	번역되었다
пьеса	희곡
за рубежом	해외에서
подрабатывать	아르바이트를 하다
также	또한
смешной	웃긴, 재미있는
практика	실습, 연습
лечить	치료하다
уставать	지치다, 피곤해하다
постановка	설치, 제작 / 공연
к сожалению	안타깝게도
смысл	의미
символ	상징
трагичный	비극의
переживание	경험

학습 날짜   / | 학습 완료

09 장문 독해 9 인물 소개 ⑦

✏️ 오늘의 학습 목표

☑️ 지문 및 문제 풀이: 인물 소개 ⑦ – Е. В. Плющенко

☑️ 필수 표현 정리

STEP 01 — 지문 및 문제 풀이   정답 및 해설 p.177

Евгений Викторович Плющенко – российский фигурист, заслуженный мастер спорта, чемпион мира и олимпийский чемпион.

Родился Евгений 3 ноября 1982 года в городе Солнечный, Хабаровский край. Когда ему было 4 года, семья переехала в город Волгоград.

Там произошёл интересный случай, благодаря которому он начал заниматься фигурным катанием. У мальчика было плохое здоровье. Поэтому врачи посоветовали Жене заниматься спортом.

Однажды они с матерью случайно встретили маленькую девочку с мамой. Девочке надоели её коньки. И мама девочки решила подарить коньки маленькому Жене.

Ему очень понравился такой подарок. Самое удивительное: размер коньков подошёл идеально. Так, в феврале 1987 года Евгений начал заниматься фигурным катанием. Когда ему было всего 7 лет, он получил свой первый приз – «Хрустальный конёк».

Когда Евгению Плющенко было 11 лет, волгоградская ледовая арена, на которой тренировался Евгений, закрылась. Чтобы тренироваться дальше, он без родителей переехал в Санкт-Петербург. Там продолжил упорные тренировки в спортивной школе. После окончания школы он поступил в университет физической культуры имени Лесгафта, который окончил в 2005 году.

Первая большая спортивная победа Плющенко состоялась в 1996–1997 годах. Тогда он стал первым на чемпионате мира среди юниоров. Уже в следующем сезоне занял третье место на чемпионате мира, а также чемпионате России, второе – на чемпионате Европы.

Впервые в своей биографии Евгений Плющенко стал чемпионом мира в 2001 году. После этого он ещё два раза повторил результат (в 2003 и в 2004 годах). Пять раз фигурист побеждал на чемпионате Европы. У него множество наград, званий и премий. За всю свою карьеру он выиграл 52 золотые медали.

Сейчас Евгений Плющенко не выступает на соревнованиях по фигурному катанию. Но фанаты до сих пор могут увидеть его по телевизору или на разных мероприятиях. Он выступал вместе с известным певцом Димой Биланом на Евровидении в 2008 году. Там ещё раз показал своё мастерство.

Также Плющенко ведёт активную общественную деятельность. Россияне очень гордятся своим спортивным героем.

1. Содержанию текста соответствует название _____ .

(А) «Мировой чемпион–фигурист»

(Б) «Идеальные коньки Евгения Плющенко»

(В) «Количество наград и медалей Евгения Плющенко»

2. Евгений начал заниматься фигурным катанием, потому что _____ .

(А) мама заставила его кататься на коньках

(Б) он очень хотел кататься на коньках

(В) в детстве он часто чувствовал себя плохо

3. Евгению пришлось одному переехать в Санкт-Петербург, потому что _____ .

(А) там очень хорошая спортивная школа

(Б) место, где тренировался Евгений, закрылось, а он хотел продолжать
     тренироваться

(В) просто его родители не хотели с ним жить

4. Евгений впервые стал чемпионом мира _____ .

(А) в 1996 году

(Б) в 2001 году

(В) в 2003 году

5. Сейчас Евгений Плющенко _____ .

(А) часто выступает на телевидении

(Б) постоянно выступает на Евровидении

(В) нигде не выступает

фигурист	피겨 선수
заслуженный	공로가 있는
мастер	거장, 장인
чемпион	챔피언
произойти	발생하다
случай	사건
катание	스케이팅
надоесть	질리다
удивительный	놀라운
размер	크기, 치수
тренироваться	연습하다
дальше	더 나아가서, 더 멀리
переехать	이사하다
упорный	완강한
победа	우승
состояться	진행되다, 실현되다
занять какое место	~위(등) 하다
карьера	경력, 출세
фанат	팬
мероприятие	행사
общественный	사회의, 공공의
гордиться	자랑스러워하다

읽기 영역

10 장문 독해 10 인물 소개 ⑧

✏️ 오늘의 학습 목표

☑️ 지문 및 문제 풀이: 인물 소개 ⑧ – В. В. Кандинский

☑️ 필수 표현 정리

STEP 01 — 지문 및 문제 풀이
정답 및 해설 p.179

Василий Кандинский – великий русский художник, теоретик искусства, и даже поэт. Он основоположник абстрактного искусства.

Василий Кандинский родился в Москве в 1866 году. Он родился в богатой семье. Благодаря тому что у отца был большой интерес к искусству, Кандинский с раннего возраста учился рисовать и играть на пианино.

Но несмотря на то, что у Кандинского был огромный талант и любовь к искусству, он поступил в Московский университет на юридический факультет. Он усердно учился и стал хорошим учёным-юристом.

Однажды Кандинский увидел картину Моне на выставке. Эта картина произвела на него такое большое впечатление, что он сразу решил стать художником.

Тогда ему было 30 лет. В 1896 году Кандинский отправился в Мюнхен, чтобы заниматься живописью. Сначала он начал учиться в художественной школе Ажбе.

Учёба в этой школе очень помогла ему, но Кандинский хотел ещё глубже заниматься живописью. Поэтому он решил поступить в Мюнхенскую Художественную Академию.

Однако Кандинскому было очень трудно поступить туда, потому что он в то время плохо знал, что такое живопись. Он начал заниматься самостоятельно, и в 1900 году, наконец, поступил в Мюнхенскую Художественную Академию.

Через несколько лет в Германии признали талант Кандинского, и он стал известным художником. Сначала в своих картинах он изображал красивую русскую природу, потому что он долго жил за рубежом и очень скучал по родине.

Но потом он начал писать свои картины разными цветами и линиями. Тогда он интересовался музыкой, философией и современной живописью, и поэтому он старался описывать мелодию линиями. В итоге все свои уникальные картины он написал, используя только линии и точки.

Кандинский – это единственный в мире художник, который создал абстрактную живопись. Сегодня его революционное стремление к абстрактной живописи и труды производят на всех художников и зрителей огромное впечатление. И многие называют его отцом абстракционизма.

1. Какое название соответствует содержанию текста?

(А) «Стремление поступить в Художественную Академию»

(Б) «Богатое детство Кандинского»

(В) «Основоположник абстрактного искусства, Василий Кандинский»

2. Кандинский решил учиться на юридическом факультете, _____ .

(А) потому что отец попросил его стать юристом

(Б) потому что он хотел стать учёным-юристом

(В) потому что он очень любил искусство

3. Почему Кандинский решил поступить в Мюнхенскую Художественную Академию?

(А) Потому что там очень много хороших профессоров.

(Б) Потому что он хотел ещё глубже заниматься живописью.

(В) Потому что он плохо знал, что такое живопись.

4. В начале Кандинский рисовал русскую природу, потому что _____ .

(А) ему очень нравилась русская природа

(Б) он очень скучал по родине

(В) ему не нравилась природа зарубежных стран

5. Кандинского называют _____ , потому что он основоположник абстракционизма.

(А) профессором Мюнхенской Художественной Академии

(Б) отцом абстрактного искусства

(В) учёным-юристом

теоретик	이론가
даже	심지어
основоположник	창시자
абстрактный	추상의
интерес + к 여격	~에 대한 흥미
возраст	연령, 나이
юридический	법의, 법학의
усердно	열심히
однажды	어느 날, 갑자기
отправиться	출발하다
живопись	회화
художественный	예술의
учёба	학업, 공부
глубже	더 깊이
самостоятельно	혼자, 스스로
изображать	묘사하다, 나타내다
скучать	그리워하다
описывать	묘사하다
единственный	유일한
стремление	노력

11 장문 독해 11   역사·문화 ①-1

✏️ 오늘의 학습 목표

☑ 지문 및 문제 풀이: 역사 · 문화 ① – Золотое кольцо (1)

☑ 필수 표현 정리

STEP 01 ── 지문 및 문제 풀이
정답 및 해설 p.181

«Золотое кольцо» – это не дорогое кольцо, а знаменитые туристические маршруты, которые проходят по нескольким древним городам страны.

Впервые название «Золотое кольцо России» было приведено русским журналистом Юрием Бычковым в 1967 году. Он создал экскурсионные маршруты для тех, кто хочет посетить старинные города. В газете «Советская культура» он рассказал о 8 небольших исторических городах, которые расположены на северо-востоке от Москвы.

Многим москвичам понравился этот маршрут, и с тех пор люди с удовольствием начали ездить на экскурсии в города Золотого кольца. Золотое кольцо считается не только популярным, но и самым интересным маршрутом. В этих городах можно увидеть огромное количество музеев и памятников истории и архитектуры.

Поэтому в последнее время тысячи туристов посещают Россию, чтобы посмотреть эти замечательные города. Конечно, за один тур это сделать невозможно.

Если хочешь осмотреть все города Золотого кольца, на это нужно будет потратить больше месяца. По этой причине большинство туристов приезжают в Россию ещё раз, чтобы снова посетить «Золотое кольцо».

В список Золотого кольца включены Владимир, Ярославль, Суздаль и многие другие старинные города. Все они имеют тысячелетнюю историю и уникальные достопримечательности. И ещё в городах Золотого кольца развивалась традиционная промышленность, например, ювелирное и деревянное дело.

Всего этого вполне достаточно для того, чтобы оценить силу и величие исторического прошлого, увидеть культурные и архитектурные памятники, всевозможные исторические здания XII– XVIII веков.

1. «Золотое кольцо» – это _____ .

(А) известный для туристов путь, который соединяет древние русские города

(Б) очень дорогое кольцо

(В) очень широкая старая дорога

2. Название «Золотое кольцо России» было создано _____ .

(А) русским журналистом Юрием Бычковым

(Б) туристами

(В) газетой «Советская культура»

3. Многие москвичи полюбили маршрут «Золотое кольцо» и _____ .

(А) смогли увидеть исторические памятники

(Б) с удовольствием посещают древнейшие города России

(В) хотят жить в городах Золотого кольца

4. Большинство туристов ещё раз хотят посетить «Золотое кольцо», потому что

_____ .

(А) можно осмотреть все города Золотого кольца за месяц

(Б) нельзя осмотреть все города Золотого кольца за один тур

(В) просто им очень понравились все города Золотого кольца

5. Так как все города Золотого кольца красивые и там очень много исторических памятников, можно сказать, что _____ .

(А) люди не хотят посещать их

(Б) Золотое кольцо очень дорого стоит

(В) все они имеют очень важное значение для России

кольцо	반지, 고리
знаменитый	저명한
маршрут	노선
древний	고대의
посетить	방문하다
старинный	예스러운, 고풍스러운
экскурсия	견학, 관람
считаться	~로 여겨지다
огромный	거대한
количество	양, 수량
невозможно	불가능하다
потратить	소비하다, 쓰다
по этойпричине	이런 이유로
список	목록
включён (–а, –о, –ы)	포함되어 있다
иметь	가지다, 소유하다
промышленность	산업, 공업
вполне	전적으로, 완전히
достаточно	충분하게
оценить	평가하다
величие	위대함

학습 날짜 　　/　　　학습 완료

12 장문 독해 12 　역사·문화 ① -2

✐ 오늘의 학습 목표

☑ 지문 및 문제 풀이: 역사 · 문화 ① – Золотое кольцо (2)

☑ 필수 표현 정리

STEP 01 ── 지문 및 문제 풀이

정답 및 해설 **p.183**

«Сергиев Посад»

　Ближе всего к Москве находится город Сергиев Посад. От Москвы на электричке можно доехать за часа полтора. Поэтому его всегда посещает большое количество людей. В этом городе находится известная лавра и много церквей. Люди могут увидеть лучшие церковные комплексы. Кстати, этот город небольшой, поэтому можно осмотреть его за полдня.

«Ярославль»

　Ярославль был основан русским князем Ярославом Мудрым в 1010 году. Ярослав Мудрый специально выбрал эту территорию для основания города, потому что это стратегически важное для России место. Ярославль стал подходящим местом для того, чтобы защищаться от врагов.

　В истории Ярославля есть интересная легенда. В городе жил большой медведь, и он очень мешал людям. Ярославу пришлось убить его ради любимого народа, и он убил медведя голыми руками. После этого люди в честь его победы установили в городе памятник Медведю.

Местные жители очень любят свой город и его историю, и советуют обязательно посетить знаменитые достопримечательности, например, Свято-Введенский женский монастырь, Церковь Ильи Пророка и т. д.

«Владимир»

Город, основанный Владимиром Мономахом в 990 году, до XVI века был столицей центральной части государства. Владимир в списке «Золотого Кольца» является вторым городом.

Сегодня на территории Владимира можно увидеть остатки храмов, зданий, церкви, возраст которых более семи веков. Наиболее привлекательными достопримечательностями города можно назвать знаменитые Золотые ворота, Успенский Соборы и т. д.

«Кострома»

Кострома с начала XII века известна как торговый и экономический центр. На улицах Костромы можно увидеть старинные здания, построенные по классическим проектам XVI века. До сих пор Кострома играет большую роль в разных промышленных областях.

6. От Москвы до Сергиева Посада на электричке можно доехать _____ .

(А) за 1 час 30 минут

(Б) за 30 минут

(В) за час

7. Князь Ярославля выбрал место для основания города, потому что _____ .

(А) это самое подходящее место для жизни

(Б) это очень удобное место для убийства медведей

(В) это стратегически важное место для защиты от врагов

8. Жители Ярославля очень любят свой город, и _____ .

(А) советуют читать его историю

(Б) рекомендуют туристам посетить известные исторические места

(В) советуют убить медведей

9. Владимир – это город, который раньше был _____ .

(А) столицей восточной России

(Б) столицей всей России

(В) столицей центральной России

10. На улицах города Костромы можно увидеть _____ .

(А) старинные здания, построенные по проектам того времени

(Б) старинные торговые магазины

(В) старинные экономические центры

ближе + к 여격	~쪽에 더 가까운 곳에
полтора	1과 1/2
кстати	한편
полдня	한나절, 반나절
основан (–а, –о, –ы)	설립되었다
специально	특별히
стратегически	전략적으로
прийтись	해야 한다
голый	알몸의, 가리지 않은
установить	설치하다
местный	지역의, 장소의
житель	주민, 주거인
часть	지역, 부분
государство	국가
остаток	여분, 잔재
привлекательный	매혹적인
проект	프로젝트, 계획
область	주(州) / 분야

13 장문 독해 13 역사·문화 ②-1

✏️ 오늘의 학습 목표

☑️ 지문 및 문제 풀이: 역사 · 문화 ② – Государственная Третьяковская галерея (1)

☑️ 필수 표현 정리

STEP 01 지문 및 문제 풀이

정답 및 해설 **p.185**

Государственная Третьяковская галерея – московский художественный музей, основанный в 1856 году купцом Павлом Третьяковым. Здесь можно увидеть картины не только русских, но и зарубежных художников. Поэтому тысячи людей ежедневно приезжают в Москву, чтобы увидеть собранные здесь картины лучших художников.

Интересно то, что картины, которые выставлены в этой галерее, лично собрал сам Павел Третьяков. Более 40 лет Павел Третьяков коллекционировал картины. Он собрал одну из крупнейших коллекций русской живописи и целую галерею портретов своих выдающихся современников.

Для Павла Третьякова создание первой национальной галереи в любимом городе – Москве – стало делом всей жизни. Благодаря его труду мы можем познакомиться со знаменитыми произведениями искусства со всего мира.

Павел Михайлович Третьяков родился 27 декабря 1832 года в городе Москве. Его родители были купцами. В детстве Павел Михайлович часто помогал своему отцу на работе. Он и брат Сергей всегда проводили время вместе. Они очень любили друг друга. С малых лет они вместе трудились, а позже решили создать знаменитую картинную галерею.

У Павла Третьякова появился интерес к великому искусству в 20 лет после того, как он посетил Эрмитаж в Санкт-Петербурге. Именно тогда у него возникла мысль собрать собственную коллекцию живописи.

Третьяков начал собирать свою коллекцию в 1856 году, когда ему было 24 года. Он очень любил живопись, был знаком с известными художниками, ездил на их выставки, чтобы купить лучшие картины для своей коллекции.

Третьяков постоянно первым покупал лучшие картины и русских, и зарубежных художников, и другие люди не успевали покупать их, даже царь. Он купил почти все картины, которые тогда были выставлены в других галереях России. Коллекция картин в доме Павла Третьякова становилась всё больше и больше.

1. В Третьяковской галерее можно увидеть _____ .

(А) произведения только иностранных художников

(Б) произведения и русских, и иностранных художников

(В) произведения только русских художников

2. Делом всей жизни Третьякова стало _____ .

(А) создание государственной художественной галереи в Москве

(Б) создание произведений искусства

(В) коллекционирование картин

3. С детства братья Третьяковы _____ .

(А) усердно учились

(Б) часто оказывали помощь в семейном деле

(В) создали картинную галерею

4. Когда Павел Третьяков посетил Эрмитаж, у него появилась идея _____ .

(А) познакомиться с известными художниками

(Б) рисовать картины

(В) коллекционировать лучшие картины

5. Из-за того, что Павел Третьяков первым покупал лучшие картины, _____ .

(А) люди могли спокойно увидеть их в галерее

(Б) даже русский царь не успевал купить их

(В) его коллекция стала меньше

STEP 02 — 필수 표현 정리

купец	상인
зарубежный	해외의
ежедневно	매일
собранный	수집된
выставлен (–а, –о, –ы)	전시되었다
коллекционировать	수집하다
портрет	초상화
национальный	국립의, 민족의
трудиться	일하다, 노동하다
позже	더 후에, 더 나중에
возникнуть	발생하다, 생기다
знаком (–а, –о, –ы) + с 조격	~와 잘 알고 있다
успевать	~할 시간이 있다, 성공하다
становиться	되다 / 시작하다

14 장문 독해 14 역사·문화 ② -2

✏️ **오늘의 학습 목표**

☑️ 지문 및 문제 풀이: 역사 · 문화 ② – Государственная Третьяковская галерея (2)

☑️ 필수 표현 정리

STEP 01 ── **지문 및 문제 풀이**   정답 및 해설 p.187

С 1869 года, общаясь с выдающимися людьми, Третьяков начал собирать коллекцию их портретов. Он специально заказывал художникам портреты своих современников, потом покупал их. Конечно, это было трудно, но талантливые художники смогли прекрасно изобразить их на своих полотнах. Благодаря им Третьяков смог собрать лучшие портреты своих современников.

В то время в доме Третьякова картины были везде: в комнатах, в коридорах, в зале и даже в кабинете. И Павел Михайлович решил построить рядом со своим домом новое красивое здание для своей коллекции.

В 1874 году строительство нового здания было закончено. Третьяков хотел, чтобы это новое здание стало лучшей художественной галереей Москвы. Он сам начал переносить туда свои картины.

Павел Третьяков очень любил свой родной город – Москву. Поэтому после смерти брата, который вместе с ним собирал картины, он написал заявление Московским властям о том, что хочет отдать свою галерею Москве. Также в память о любимом брате Третьяков попросил, чтобы галерея носила их имена.

В 1892 году он передал в дар городу Москве это здание и свою огромную коллекцию. В его коллекции было 1287 картин, 518 рисунков и 9 скульптур.

В августе 1893 года открылась Городская художественная галерея Павла и Сергея Третьяковых. В день торжественного открытия галерею посетило около 700 человек. Даже сам Александр III приехал с семьёй в Москву, чтобы посмотреть картинную галерею Третьякова. Александр III пожал руку коллекционеру, восхитился его коллекцией и поблагодарил его за дар, сделанный Москве.

Сейчас Государственная Третьяковская галерея является одним из самых любимых и наиболее посещаемых музеев России. Благодаря заслугам одного великого коллекционера мы можем познакомиться с самыми уникальными и драгоценными произведениями искусства со всего мира.

6. Когда Третьяков начал общаться с известными людьми, он захотел _____ .

(А) собирать их портреты

(Б) рисовать их портреты

(В) работать с ними

7. Почему Третьяков решил построить здание?

(А) В его доме везде висели картины.

(Б) Его дом был очень старым.

(В) Ему не нравился дом.

8. Третьяков хотел отдать свою галерею Москве, потому что _____ .

(А) Москва – столица России

(Б) он очень любил свой родной город

(В) ему так приказал царь

9. В день открытия Третьяковскую галерею посетил _____ .

(А) самый выдающийся человек России

(Б) самый известный художник России

(В) Александр III

10. Сейчас Третьяковская галерея стала _____ .

(А) местом, где часто бывают дети

(Б) местом, где редко бывают люди

(В) местом, которое люди с удовольствием посещают

STEP 02 — 필수 표현 정리

общаться	소통하다
заказывать	주문하다, 예매하다
современник	동시대인
полотно	캔버스
везде	도처에, 곳곳에
рядом + с 조격	근처에, 가까이에
закончен	종결되었다
переносить	옮기다
заявление	요청서
власть	권력, 권력 계층(집단)
память	기억, 추억
носить имя	이름을 차용하다, 빌려 쓰다
торжественный	성대한
пожать руку	악수하다
восхититься	감탄하다
поблагодарить	고마워하다
являться	~이다
посещаемый	방문 되어지는
заслуга	공훈, 업적
драгоценный	귀중한, 가치가 있는

15 장문 독해 15   역사·문화 ③-1

✏️ 오늘의 학습 목표

☑️ 지문 및 문제 풀이: 역사 · 문화 ③ – Озеро Байкал (1)

☑️ 필수 표현 정리

STEP 01 ── **지문 및 문제 풀이**   정답 및 해설 p.189

> Все знают озеро Байкал. Оно находится в Восточной Сибири. Байкалу 25 миллионов лет. Это самое глубокое озеро на планете и крупнейший природный источник пресной воды.
>
> Местные жители и многие в России традиционно называют Байкал морем. На это озеро каждый год приезжает больше миллиона туристов со всего мира. Ведь не зря озеро входит в число семи чудес России.
>
> Байкал находится на границе Иркутской области и Республики Бурятия. Озеро очень большое. Ширина Байкала – 80 километров, а глубина – 1642 метра. Вода в озере чистая и прозрачная, поэтому можно увидеть камни, которые находятся глубоко.
>
> Это обычно бывает весной, когда вода в озере синего цвета. На Байкале 22 острова. Самый известный – солнечный остров Ольхон. Более 300 дней в году там светит солнце.
>
> На территории озера находятся уникальные растения и животные. Многие виды животных редкие. В Байкале около 50 видов рыб, например омуль, хариус и так далее. Возле Байкала обитают 200 видов птиц (утки, цапли, кулики).

Но интересным фактом является то, что в этом озере обитают байкальские нерпы (тюлени). Нерпа – это символ Байкала. Это единственный в мире тюлень, который живёт в пресной воде. Вес байкальских тюленей около 130 килограммов. На суше они становятся беззащитными.

Тайга, которая окружает Байкал, известна редкими деревьями. Здесь встречается более 1000 видов растений. Многие из них занесены в Красную книгу. Также около озера находится Баргузинский заповедник – первый заповедник в России.

1. Местные жители называют Байкал _____ .

(А) крупнейшим источником воды

(Б) самым глубоким озером

(В) не озером, а морем

2. В Байкале можно увидеть камни, потому что _____ .

(А) вода в озере очень чистая и прозрачная

(Б) озеро очень глубокое

(В) там есть солнечный остров Ольхон

3. Почему Остров Ольхон называется «солнечный остров»?

(А) Потому что там весной очень светло.

(Б) Потому что там почти весь год светит солнце.

(В) Потому что там обычно мало солнца.

4. На Байкале есть уникальные растения и животные, _____ .

(А) которые существуют только в России

(Б) которые можно увидеть во всём мире

(В) которые существуют только на территории озера

5. В Байкале есть редкое животное, которое называется «_____».

    (А) Нерпа

    (Б) Кулик

    (В) Омуль

STEP 02 — 필수 표현 정리

планета	행성
источник	샘물, 수원지 / 근원
традиционно	전통적으로
чудеса	복 기적
граница	경계, 국경
ширина	너비
глубина	깊이
прозрачный	투명한
бывать	발생하다, 생기다 / 방문하다
солнечный	햇빛의
территория	영토, 부지
растения	복 식물
животные	복 동물
вид	모양, 형상 / 풍경 / 종(種) / 수단
окружать	둘러싸다
известен (-а, -о, -ы)	잘 알려져 있다
заповедник	보호구역
обитать	살다, 거주하다
беззащитный	보호받지 못하는

16 장문 독해 16   역사 · 문화 ③ -2

✏️ 오늘의 학습 목표

☑ 지문 및 문제 풀이: 역사 · 문화 ③ – Озеро Байкал (2)

☑ 필수 표현 정리

STEP 01   지문 및 문제 풀이   정답 및 해설 **p.191**

Байкал – озеро-загадка. Учёные до сих пор не могут понять, как в Байкале появилась рыба из северных морей. Также в Байкале сохранились рыбы и растения, которые исчезли в других озёрах и морях.

Но Байкал не только загадочное озеро. Это одно из самых красивых озёр нашей планеты. Именно поэтому об этом прекрасном озере рассказывают разные легенды.

Среди них есть очень интересная легенда о драконе, который живёт на Байкале. В давние времени ходили слухи, что в глубинах Байкала обитает страшный огненный дракон. Он управляет всем живым вокруг и даже изменением природы.

Однажды с неба упали большие звёзды, и Байкал оказался под угрозой. Он мог просто исчезнуть. Тогда дракон ударил звёзды хвостом.

В легенде говорится, что когда он первый раз ударил их своим могучим хвостом, расступились острые скалы. Во второй раз растаяли льды и вода в Байкале стала прозрачной и чистой. В третий раз появились зелёные леса и живые существа, которые живут до сих пор.

Кроме этой легенды существует ещё много других, и мы можем узнать о Байкале много интересного. Это ещё одна причина того, что многие туристы посещают это мистическое озеро.

Но деятельность человека и туристы наносят огромный урон экологии. Особо влияет на Байкал город Улан-Удэ. Его заводы сильно загрязняют озеро. С каждым годом увеличивается количество населения. Каждый год на Байкал приезжает всё больше туристов.

Сейчас Байкал нужно беречь. Люди должны прекратить загрязнять озеро. Мы должны позаботиться об охране уникального озера Байкал.

6. Почему озеро Байкал называется загадочным?

(А) Потому что многие учёные так говорят.

(Б) Потому что в Байкале сохранились живые существа, которых уже нет на планете.

(В) Потому что в Байкале исчезли все живые существа.

7. В одной очень интересной легенде говорят _____ .

(А) , что Байкал сейчас находится под угрозой

(Б) о редких растениях, которые живут только в глубинах Байкала

(В) о драконе, который управляет природой и всеми животными

8. Что случилось, когда дракон в третий раз ударил хвостом звёзды?

(А) Скалы вокруг озера расступились.

(Б) На озере появились зелёные леса и животные.

(В) Вода в озере стала прозрачной и чистой.

9. Экология около Байкала находится под угрозой, потому что _____ .

(А) мало туристов посещает Байкал

(Б) различная деятельность человека загрязняет озеро

(В) с каждым годом уменьшается количество населения

10. Люди должны _____ и прекратить наносить урон экологии.

(А) позаботиться об охране Байкала

(Б) ничего не делать для Байкала

(В) загрязнять озеро

STEP 02 — 필수 표현 정리

загадка	수수께끼
сохраниться	유지되다, 보존되다
легенда	전설
слух	소문
управлять	지배하다, 운영하다
ударить	때리다, 치다
исчезнуть	사라지다
существовать	존재하다
причина	원인, 이유
деятельность	활동
наносить удар	해를 끼치다
влиять	영향을 미치다
загрязнять	더럽히다, 오염시키다
беречь	아끼다
прекратить	중단하다, 그만두다
уникальный	독특한

학습 날짜 /   학습 완료

17 장문 독해 17   역사·문화 ④-1

✏️ **오늘의 학습 목표**

☑️ 지문 및 문제 풀이: 역사 · 문화 ④ – Санкт-Петербург (1)

☑️ 필수 표현 정리

STEP 01 — **지문 및 문제 풀이**   정답 및 해설 p.193

Санкт-Петербург поразительный и таинственный город. В мире мало городов, похожих на него. Почему Пётр Первый решил построить новый город именно на этом месте? Эта земля всегда была богата лесом, мёдом, а также находится на прекрасной реке Неве. Это было «окно в Европу», как когда-то сказал А. С. Пушкин.

Плавая на корабле по реке Неве, Пётр с удовольствием осматривал берега. Ему очень нравился вид. Поэтому он решил, что это идеальное место для новой столицы России. Пётр не любил Москву, у него было много плохих воспоминаний, связанных с этим городом.

Город стоял на Неве, близко к морю, поэтому напоминал города Амстердам и Венецию. Пётр пригласил лучших европейских архитекторов. Город был построен по их проектам. Новая столица стала очень красивой благодаря им. Поэтому сейчас в Петербурге мы можем увидеть статуи архитекторов, которые создали этот великолепный город.

Город быстро рос и развивался. В 1712 году в Петербург переехал сам Пётр Первый. И с этого момента город стали считать столицей России.

Петербург расположен на сорока двух островах. В городе шестьдесят пять рек и каналов и более трёхсот мостов. Главная особенность

Петербурга – белые ночи. С 11 июня по 2 июля ночью в городе почти так же светло, как днём. Очень приятно гулять по набережным в белые ночи, поэтому в Петербурге всегда много туристов.

Петербург – это город контрастов, один из главных героев русской литературы. О нём писали многие известные писатели, например, Пушкин, Достоевский и т. д.

Благодаря их произведениям мы можем узнать, как раньше жили люди в Петербурге. Этот великолепный город стоит посетить хотя бы раз в жизни.

1. Пётр Первый решил построить новый город на земле, где _____ .

   (А) много лесов и мёда

   (Б) много тайн

   (В) много берегов

2. Пётр Первый не любил Москву, потому что _____ .

   (А) это не идеальное место для столицы

   (Б) ему просто не нравилась Москва

   (В) у него в Москве произошло много неприятных событий

3. Пётр Первый пригласил лучших европейских архитекторов, и они _____ .

   (А) развивали новый город

   (Б) спланировали и создали новую столицу

   (В) создали статуи, которые похожи на них

4. Что такое белые ночи?

   (А) Целый год ночью в городе почти так же светло, как днём.

   (Б) Летом ночью в городе почти так же светло, как днём.

   (В) Зимой ночью в городе почти так же светло, как днём.

5. Мы можем узнать, как раньше жили в Петербурге, потому что _____ .

   (А) многие писатели писали об этом

   (Б) этот город великолепный

   (В) многие туристы хотя бы раз посещают этот город

STEP 02 — 필수 표현 정리

поразительный	놀라운, 인상적인
таинственный	비밀스러운
похожий	닮은, 유사한
богат (–а, –о, –ы)	풍부하다
с удовольствием	기꺼이
идеальный	이상적인
воспоминание	기억, 추억
связанный	연관된
напоминать	상기시키다
великолепный	장엄한, 웅장한
расти	자라다, 크다
развиваться	발전하다
расположен (–а, –о, –ы)	위치하다
особенность	특징, 특성
контраст	대비
герой	주인공, 영웅

18 장문 독해 18   역사·문화 ④-2

✎ 오늘의 학습 목표

☑ 지문 및 문제 풀이: 역사 · 문화 ④ – Санкт–Петербург (2)

☑ 필수 표현 정리

STEP 01 — 지문 및 문제 풀이   정답 및 해설 p.195

> В Петербурге, очень много достопримечательностей. Первый музей Петербурга – Кунсткамера – был также и первым музеем России. Там находятся редкие монеты, оружие, камни, книги и другие вещи.
>
> Медный Всадник – памятник Петру Первому. Он стал символом Петербурга. Его создал скульптор Фальконе в 1782 году.
>
> Исаакиевский собор, Зимний дворец, Казанский собор, храм Спаса на Крови – о каждом из этих произведений можно долго рассказывать. О них написаны сотни книг.
>
> Государственный музей Эрмитаж – один из самых больших музеев мира. Его богатства хранятся в пяти дворцах. Главный из них – Зимний дворец. Этот дворец построили для русских царей в 1762 году. Вскоре царица Екатерина Великая начала собирать в нём лучшие произведения русского и мирового искусства.
>
> Раньше во дворце жила императорская семья, были залы для балов. Также на территории дворца были сады и две церкви. Но сейчас всё это отдано музею Эрмитажу. Больше двух миллионов картин, статуй, изделий из хрусталя, золота, серебра, цветного камня вы можете увидеть в этом музее. Эрмитаж производит незабываемое впечатление.

Прекрасны петербургские сады и дворцы. Самый старый и самый известный из них – Летний сад. Пётр Первый сам выбрал место для будущего сада и сам посадил первые растения.

Главная улица Петербурга называется Невский проспект. Улица всегда была широкой и длинной. Благодаря Екатерине Великой она превратилась в самую красивую и известную в городе. На ней были построены прекрасные здания, дворцы, церкви и торговые ряды.

6. Редкие монеты, оружие и другие старинные вещи находятся _____ .

(А) в Исаакиевском соборе

(Б) в первом музее Петербурга

(В) в Казанском соборе

7. Медный всадник – это _____ .

(А) памятник Екатерине Великой

(Б) памятник Петру Первому

(В) великое произведение

8. Раньше Эрмитаж был _____, и там жила царская семья.

(А) музеем

(Б) церковью

(В) дворцом

9. Что сделал Пётр Первый для Летнего сада?

(А) Он сам построил Летний сад.

(Б) Он сам выбрал место для него и сам посадил деревья.

(В) Он сам построил прекрасные дворцы.

10. На Невском проспекте люди могут _____ .

(А) построить прекрасные здания и торговые ряды

(Б) увидеть прекрасные здания и купить разные вещи в торговых рядах

(В) превратить его в самый красивый и интересный

STEP 02 — **필수 표현 정리**

достопримечательность	명승고적
редкий	희귀한
памятник	기념비, 동상
скульптор	조각가
государственный	국립의, 국가의
богатство	부(富)
храниться	보관되다, 저장되다
собирать	모으다, 수집하다
отдан (-а, -о, -ы)	주어졌다
незабываемый	잊히지 않는
выбрать	고르다, 선택하다
посадить	심다
широкий	넓은
превратиться	바뀌다, 변화하다
торговый	무역의, 상거래의

19 장문 독해 19 문학 작품 ①

✏️ 오늘의 학습 목표

☑️ 지문 및 문제 풀이: 문학 작품 – «Метель» по повести А. С. Пушкина ①

☑️ 필수 표현 정리

| STEP 01 | 지문 및 문제 풀이 | 정답 및 해설 p.197 |

В своём поместье проживал с женой и дочерью Машей Гаврила Гаврилович. Был он гостеприимен, и к нему часто приезжали гости, а некоторые приезжали ради Марьи Гавриловны.

Марья Гавриловна, семнадцатилетняя девушка, была очень милая и симпатичная. Она очень любила читать французские романы. Она мечтала, что в её жизни будет большая любовь и большие страдания, которые, как в романах, окончатся счастливо.

Она любила бедного армянского офицера Владимира. Он тоже любил Машу, но её родители были против их брака, потому что хотели, чтобы их дочь вышла замуж за богатого человека.

Хотя родители Марьи не разрешали, молодые люди постоянно встречались тайком от всех. Они поняли, что не могут жить друг без друга и решили сначала пожениться без разрешения родителей. Потом, думали они, можно будет броситься к ногам родителей, которые очень любят дочь и, конечно, простят их.

В тот день, когда Марья Гавриловна решила бежать из дома и обвенчаться с Владимиром, на улице была ужасная метель.

Но Марья Гавриловна приехала в церковь вовремя. Владимир должен был уже ждать её там, но его там не было. В темноте, в метели, Владимир потерял дорогу. Марья Гавриловна ждала его в церкви почти всю ночь. Утром она вернулась домой. Никто ничего не знал об этой истории.

В тот день вечером Марья Гавриловна сильно заболела. Она говорила во сне и её родители всё узнали.

Наконец они решили согласиться с выбором своей дочери. Родители Марьи радостно сообщили Владимиру о согласии на брак, но, к сожалению, он уехал на фронт. А бедная Марья Гавриловна выздоровела через две недели и узнала, что Владимир уехал в армию и через несколько месяцев погиб.

1. Родители молодой девушки были против её брака с Владимиром, потому что _____ .

(А) он просто им не нравился

(Б) он был очень бедный

(В) он армянин

2. Марья верила, что _____ .

(А) она будет жить как в романах и станет счастливой, как все героини

(Б) она выйдет замуж за Владимира

(В) она станет милой и симпатичной

3. Несмотря на то, что родители Марьи не разрешали им пожениться, молодые люди _____ .

(А) хотели уйти из дома

(Б) решили тайно пожениться

(В) хотели уговорить родителей

4. Что случилось с Владимиром в день венчания?

   (А) У него появилась новая девушка, и они убежали.

   (Б) Он смог прийти в церковь вовремя.

   (В) Он потерял дорогу из-за метели и не появился.

5. После того, как Марья выздоровела, она узнала _____ .

   (А) о своей свадьбе

   (Б) о разрешении родителей

   (В) о смерти своего любимого парня

STEP 02 — 필수 표현 정리

гостеприимен (-а, -о, -ы)	손님 대접을 좋아하다
страдание	고생, 고통 / 노력
бедный	가난한, 불쌍한
офицер	장교
против + 생격	~에 반대하다
выйти замуж + за 대격	시집가다
постоянно	계속해서
тайком	비밀스럽게, 몰래
простить	용서하다
обвенчаться	결혼하다
ужасный	무서운
вовремя	제 시간에, 제 때에
темнота	어둠

20 장문 독해 20 문학 작품 ②

✏️ 오늘의 학습 목표

☑️ 지문 및 문제 풀이: 문학 작품 – «Метель» по повести А. С. Пушкина ②

☑️ 필수 표현 정리

STEP 01 — 지문 및 문제 풀이 정답 및 해설 **p.199**

Прошло три года. Умер отец Марьи Гавриловны, она осталась жить с матерью. У богатой и милой Марьи Гавриловны было много женихов, но она никому не подавала надежды. Она постоянно думала о своём бедном парне, который погиб на фронте.

Однажды в доме Марьи Гавриловны появился молодой красивый офицер Бурмин. Он понравился девушке, и она тоже понравилась ему. Они вместе гуляли, беседовали, но Бурмин ничего не говорил о своём чувстве. Марья Гавриловна ждала, ждала её мать, но Бурмин молчал.

И вот наконец произошло объяснение...

– Я вас люблю, – сказал Бурмин. – Но мне нужно открыть вам ужасную тайну... Добрая, милая Марья Гавриловна, я знаю, я чувствую, что вы были бы моею женою, но я несчастный человек. Я женат. Я женат уже четвёртый год и не знаю, кто моя жена, и где она, и увижусь ли я с ней когда-нибудь!

– Что вы говорите? – воскликнула Марья Гавриловна. – Как это странно! Продолжайте, я расскажу о себе после, продолжайте.

– В начале 1812 года, – сказал Бурмин, – я спешил в Вильну, в которой находился наш полк. Вдруг началась ужасная метель. Но я поехал. Метель продолжалась. В метели я потерял дорогу и приехал в незнакомую деревню. Церковь в деревне была открыта. «Сюда! Сюда!» – закричало несколько человек.

«Где ты так долго? – сказал мне кто-то. – Поп не знает, что делать. Скорей!». Я вошёл в церковь. Там было так темно, что я почти ничего не видел. Ко мне подошёл поп. «Можно начинать?» – спросил он. «Начинайте», – ответил я и встал рядом с девушкой. Нас обвенчали.

«Поцелуйтесь», – сказали нам. И тут впервые девушка посмотрела на меня. Я хотел её поцеловать. Она закричала: «Ай! Не он! Не он!» – и упала без памяти. Все испуганно на меня посмотрели. Я вышел из церкви.

– Боже мой! – закричала Марья Гавриловна, – и вы не знаете, что сделалось с вашей бедною женой?

– Не знаю, – ответил Бурмин, – не знаю, как называется деревня, в которой венчался, не помню, с какой станции поехал. Я не имею надежды найти ту девушку.

– Боже мой! – сказала Марья Гавриловна. – Так это были вы! И вы не узнаёте меня?

Бурмин побледнел… и бросился к её ногам.

6. Марья никому из женихов не подавала надежды, потому что _____ .

(А) никто ей не нравился

(Б) она была очень богатой и милой

(В) она не могла забыть Владимира

7. Марья и Бурмин полюбили друг друга, но Марья очень волновалась, потому что
_____ .

(А) Бурмин очень злой человек

(Б) Бурмин ничего не говорил ей о своём чувстве

(В) у Бурмина была другая любимая девушка

8. Бурмин думал, что он несчастный человек, потому что _____ .

(А) он не может любить никого кроме себя

(Б) Марья не любит его

(В) он уже женат на незнакомой девушке

9. Однажды Бурмин потерял дорогу из-за метели, и _____ .

(А) случайно зашёл в одну церковь и обвенчался там с незнакомой девушкой

(Б) случайно зашёл в одну церковь и там познакомился с Марьей

(В) нашёл церковь, где он должен был встретиться с Марьей

10. Марья очень испугалась, когда услышала рассказ Бурмина, так как _____ .

(А) незнакомая девушка, на которой женился Бурмин, это была она

(Б) она подумала, что Бурмин обманул её

(В) Бурмин – близкий друг Владимира

жених	약혼자, 구혼자
надежда	희망, 기대
постоянно	계속해서
парень	청년, 남자친구
беседовать	대화하다
молчать	침묵하다, 조용히 하다
объяснение	설명
несчастный	불행한
тайна	비밀
странно	이상하다, 이상하게도
спешить	서두르다
потерять	잃어버리다
рядом + с 조격	옆에, 근처에
обвенчать	결혼시키다
впервые	처음으로, 최초로
закричать	소리치다
боже мой!	맙소사!
броситься	뛰어들다

실전 모의고사

ЧТЕНИЕ

Инструкция к выполнению теста

- Время выполнения теста — 50 минут.
- При выполнении теста можно пользоваться словарём.
- Тест состоит из 3 текстов и 20 тестовых заданий.
- Выберите правильный вариант ответа и отметьте соответствующую букву на матрице.

Например:

(Б – правильный вариант).

Если Вы ошиблись и хотите исправить ошибку, сделайте это так:

(А – ошибка, Б – правильный вариант).

Задания 1–6. Прочитайте письмо одного студента и выполните задания после него. Выберите вариант ответа, который наиболее полно и точно отражает содержание письма.

Дорогая Света!

Привет! Как дела? Что у тебя нового? Надеюсь, что у тебя всё в порядке. А у меня ничего особенного, всё как всегда. На самом деле я рада, что моидни проходят так спокойно. В последнее время я усердно учусь и в прошлом семестре получила одни пятёрки на зачётах и экзаменах.

Именно поэтому у меня приятная новость. Я скоро поеду в Москву как студент по обмену! В нашем университете есть программа, по которой можно учиться за границей. Я получила шанс участвовать в этой программе, так как стала единственной отличницей на нашем факультете.

Сейчас я думаю, в какой университет лучше поехать. Первый вариант – это МГУ. Думаю, не стоит много говорить об этом университете. Ведь МГУ, безусловно, самый известный и престижный университет России. Там своеобразная история, опытные и уважаемые профессора и много интересного. А ещё очень красивая архитектура! Для меня самым необыкновенным и красивым зданием в Москве является Главное здание МГУ на Воробьёвых горах. Когда ты стоишь на Воробьёвых горах и видишь это высокое здание, ты сразу приходишь в восторг. Но в МГУ есть единственный минус для меня– там слишком много иностранных студентов. Все мои знакомые, которые уже учатся в МГУ, говорят, что там очень много иностранцев, особенно азиатов. И все они общаются с друзьями не на русском, а на английском. Боюсь, что если я буду учиться в МГУ, мой русский будет развиваться очень медленно. Я этого не хочу.

А второй вариант – МГИМО. МГИМО тоже является престижным государственным институтом России. Но там меньше иностранных студентов, поэтому и система для них лучше. В МГИМО есть программа с тьютором для иностранных студентов. Тьюторы помогают привыкнуть к системе образованияРоссии и даже к жизни в Москве. Мне это нравится больше всего. Но если ты хочешь учиться в этом институте, надо много платить за обучение. Моя подруга, которая учится в магистратуре

МГИМО, говорила, что надо платитьпочти в 2 раза больше, чем в других вузах.

Я думаю, что оба варианта неплохие, и мне трудно сделать выбор. Ты хорошо знаешь российские вузы и сама студентка МГУ, поэтому посоветуй, какой университет подойдёт мне больше.

Надеюсь, скоро увидимся с тобой в Москве! Жду твоего ответа. Пока!

Твоя подруга, Ариша

1. Ариша пишет Свете, _____ .

(А) так как она соскучилась по Москве

(Б) что она приехала в Москву

(В) чтобы она дала ей совет

2. Ариша скоро едет в Москву по программе обмена студентами, _____ .

(А) и уже решила, где будет учиться

(Б) потому что она получила хорошие оценки

(В) чтобы усерднее учиться

3. Ариша думает, что учиться в МГУ с иностранцами _____ .

(А) бесполезно

(Б) полезно

(В) выгодно

4. Арише больше всего нравится, что _____ .

(А) в МГУ много иностранцев и с ними можно легко общаться

(Б) в МГИМО есть специальная программа для иностранных студентов

(В) МГИМО – это самый престижный университет

5. Арише трудно решить, в каком университете учиться, _____ .

(А) так как у обоих университетов есть свои плюсы и минусы

(Б) из-за того, что оба университета очень плохие

(В) поэтому она хочет посоветоваться с родителями

6. Подруга Ариши, которая учится в магистратуре, говорит, что _____ .

(А) лучше учиться в МГУ

(Б) учиться в МГИМО дорого

(В) не советует учиться в МГИМО

Задания 7–13. Прочитайте текст и выполните задания после него. Выберите вариант ответа, который наиболее полно и точно отражает содержание текста.

Владимир Маяковский родился в Грузии в 1893 году. Его отец служил лесником в одном селе Грузии, позже семья переехала в Кутаиси. Здесь будущий поэт учился в гимназии и брал уроки рисования: с ним бесплатно занимался единственный кутаисский художник Сергей Краснуха. Когда волна первой российской революции докатилась и до Грузии, Маяковский — ещё маленьким ребёнком — впервые участвовал в митингах. Спустя время его сестра Людмила Маяковская вспоминала: «Революционная борьба оказала большое влияние на Володю. Кавказ переживал революцию особенно остро. Там все хотели участвовать в революции, и маленький Володя тоже не исключение».

В 1906 году, когда Владимиру Маяковскому было 13 лет, умер его отец от заражения крови, поэтому до конца жизни поэт боялся бактерий: всегда носил с собой мыло и соблюдал чистоту вокруг себя. После смерти отца семья оказалась в тяжелом положении. Маяковский вспоминал: «После похорон отца — у нас 3 рубля. Мы распродали всё: столы, стулья и даже одежду. Переехали в Москву. Зачем? Даже знакомых не было».

После того как семья Маяковского переехала в Москву, ситуация стала лучше. Мама зарабатывала деньги для семьи, а дети старались хорошо учиться. Маяковский поступил в московскую гимназию, там юный поэт написал своё первое революционное стихотворение и опубликовал его в нелегальном школьном журнале. Это было его первым революционным шагом. Когда Маяковский учился в гимназии, его несколько раз арестовывали: он вступил в партию большевиков, работал в подпольной типографии. Сначала юного революционера отдавали матери, но в третий раз посадили в тюрьму.

Время в тюрьме было необыкновенным для Маяковского. В тюрьме Маяковский прочитал много книг. Он мечтал о новом искусстве, новой культуре, которая будет отличаться от классической и традиционной. Тот момент оказал на Маяковского такое большое влияние, что он сразу решил учиться живописи. Во время учёбы в художественном училище, Маяковский продолжал писать стихи, от которых его новые товарищи были в восторге. А ещё Маяковский часто выступал на собраниях — читал свои революционные стихи и лекции о новой поэзии. За публичные выступления и революционную идеологию Владимира Маяковского отчислили из училища.

Владимир Маяковский интересовался не только живописью и поэзией, но и театром. Он сам писал пьесы, ставил их на сцене и часто играл главную роль. А ещё он увлекался киноискусством, писал сценарии, а также работал над сценариями советских фильмов.

Владимир Маяковский прожил сложную, но плодотворную жизнь. Его знакомые вспоминали: «Володя увлекался всякой работой. Он уходил в работу с головой. Он не только думал, планировал, но и обязательно действовал». Но, к сожалению, из-за такого своего характера он всегда был недоволен собой. Ему не нравилось, когда что-то не получалось в работе. Он так долго мучился из-за этого, что решил уйти из жизни.

Хотя этот советский писатель жил недолго, он много сделал для своей родины. Он оставил нам прекрасные стихотворения, картины, сценарии, из которых можно узнать, как люди жили в советской эпохе. До сих пор многие называют его лучшим патриотом советского времени и любят читать его произведения.

7. Когда Маяковский слушал уроки известного художника, _____ .

(А) он платил за уроки

(Б) он не платил за уроки

(В) учитель сделал ему скидку

8. Хотя Маяковский был ещё маленьким, _____ .

    (А) он публиковал статьи о революции

    (Б) он серьёзно относился к революции и участвовал в ней

    (В) он постоянно попадал в тюрьму

9. Семья Маяковского переехала из Грузии в Москву, _____ .

    (А) чтобы участвовать в революционных митингах

    (Б) так как маленький Володя хотел учиться там

    (В) так как отец умер, и мама должна была искать какую-нибудь работу

10. Маяковского выгнали из гимназии _____ .

    (А) из-за стихов

    (Б) из-за плохого результата на экзамене

    (В) из-за опасной идеологии

11. Маяковский увлекался не только литературой, но и _____ .

    (А) музыкой

    (Б) классикой

    (В) рисованием

12. Маяковский покончил с собой, _____ .

    (А) так как он ненавидел себя

    (Б) так как он всегда был недоволен своей работой

    (В) так как он слишком много страдал из-за женщин и очень устал

13. Многие считают Маяковского _____ .

    (А) лучшим патриотическим писателем

    (Б) одним из лучших писателей в мире

    (В) хорошим артистом

Задания 14–20. Прочитайте текст и выполните задания после него. Выберите вариант ответа, который наиболее полно и точно отражает содержание текста.

Нельзя не вспомнить Льва Толстого, когда говоришь о русских писателях. Великий русский писатель, Л. Н. Толстой известен во всём мире прекрасными литературными произведениями и необычной жизнью. Многие люди очень любят его романы и уважают его философию. Но не только сам писатель, но и его супруга тоже очень известна. Её считают одной из 3 самых злых жён в мире. Многие говорили, что Л. Н. Толстой всю жизнь мучился из-за её вредных привычек и неприятных поступков.

«Разве Софья Толстая злая жена? Как она влияла на жизнь Толстого?» – Некоторые литературоведы долго сомневались в том, правда ли она была злой. Они считали наоборот, что Софья Толстая всегда оказывала большую помощь своему мужу и уважала его.

Наконец в конце 20 века всё прояснилось. На свет вышел дневник Софьи Толстой, все узнали правду. На самом деле она не мучила своего мужа, а хорошо заботилась о нём. Она была единственным человеком, кто хорошо понимал Льва Николаевича. Но тогда почему люди долгое время считали жену Толстого вредной и злой женщиной?

Лев Николаевич и Софья поженились, когда Соне было 18 лет. Лев всегда считал свои литературные шаги очень важными и каждый день записывал то, что он видел, слышал и чувствовал. После свадьбы Лев подарил свои огромные записи любимой жене, так как он не хотел ничего скрывать и очень доверял ей. Но после того как Соня прочитала всё, она была поражена. Там было написано всё о том, как жил молодой и очаровательный писатель: он встречался со многими девушками и часто вёл себя очень некрасиво. Всё пошло не так с самого начала.

А ещё младшая сестра Сони встречалась со старшим братом Льва, который был старше её на 20 лет. Через некоторое время они расстались. Это событие тоже оказало не очень хорошее влияние на Соню. Позже Софья вспоминала то время, как самое несчастливое в своей жизни.

Хотя в начале их семейной жизни произошло много неприятных событий, Софья мечтала создать счастливую семью со своим мужем. У них было 16 детей, и она старалась быть и хорошей женой, и хорошей матерью.

Софья Толстая была не только верной женой, но и прекрасной помощницей. Она жила только для своего мужа, так как считала его великим писателем и героем. Она делала копии романов Толстого и передавала их в редакцию, обсуждала с ним сюжет для будущих романов, переводила его произведения на иностранные языки, искала полезную информацию для его работы, и даже управляла его землёй.

Но через 20 лет после их свадьбы всё изменилось. Софья начала уставать.

Из-за личных проблем, а также из-за своей новой философии жизни и веры, великий писатель игнорировал свою семью и не любил сидеть с ними даже в одном помещении. Ещё в это время Толстой стал вегетарианцем, он ел только овощи и фрукты. Конечно, жене Толстого это совсем не нравилось. Она думала, что это пустая трата денег и времени. Ведь ей надо было отдельно покупать продукты и готовить другие блюда только для него одного.

А ещё у Толстого было много учеников. Все уважали этого великого писателя и часто приходили к ним в гости. Для Толстого это было приятным времяпрепровождением, но для Софьи нет. Она весь день готовила для гостей и убирала дом. Но иногда повышала голос и просила, чтобы гости говорили потише. Один из учеников Толстого слишком любил и уважал своего кумира, и часто сердился на Софью. Он думал, что она плохо заботится о писателе и ей надо больше стараться.

Все думали, что она неуравновешенная и неблагодарная женщина, и из-за всего этого Софья всегда находилась в напряжении. Но благодаря дневнику Софья Толстая восстановила свою честь. Теперь многие литературоведы знают, что она очень страдала из-за непонимания окружающих её людей. Они думают, что Л. Н. Толстой смог написать такие великие литературные произведения только благодаря жертве, которую принесла Софья Толстая.

14. Раньше многие думали, что _____ .

(А) жена Толстого долго мучила великого писателя

(Б) Толстой и его жена неприятные люди

(В) Толстой долго мучил свою жену

15. Когда появился дневник Софьи, _____ .

(А) он никого не заинтересовал

(Б) люди изменили своё мнение о ней

(В) люди остались при своём мнении

16. Почему начало семейной жизни Толстых было нехорошим?

(А) Толстой показал жене свои секреты, и ей это не понравилось.

(Б) Родители заставили их пожениться.

(В) Сестра Софьи говорила, что Толстой очень вредный мужчина.

17. На самом деле Софья Толстая всю жизнь _____ .

(А) любила своего мужа

(Б) ненавидела своего мужа

(В) помогала своему мужу во всём, как его секретарь

18. Для Софьи было большим стрессом, _____ .

(А) когда ученики Толстого приходили к ним домой и не соблюдали чистоту

(Б) когда Толстой кричал на неё

(В) когда ученики Толстого хотели есть только овощи и фрукты

19. Люди считали Софью неблагодарной злой женщиной, _____ .

(А) так как муж не любил её

(Б) так как Софья всегда сердилась на всех

(В) так как она иногда повышала голос из-за большой усталости и напряжения

20. Какое название больше всего соответствует этому тексту?

(А) «Л. Н. Толстой и его семья»

(Б) «Почему Софью Толстую считали злой женой и в чём правда?»

(В) «Зачем Л. Н. Толстой начал писать романы?»

토르플
1단계
듣기 영역

Аудирование

01 장문 듣기1 자기소개

✏️ 오늘의 학습 목표

☑️ 문제 유형 설명: 장문 듣기 – 자기소개

☑️ 지문 청취 및 문제 풀이

☑️ 필수 표현 정리

🎧 음원듣기

STEP 01 ┤ **문제 유형 설명**

☑️ 장문 듣기

: 자기소개와 관련된 장문을 듣고 해당하는 질문에 따른 답변 찾기

STEP 02 ┤ **지문 청취 및 문제 풀이**　　　　　　　정답 및 해설 **p.209**

> Задания 1-5. Прослушайте текст и выполните задания к нему.
> 내용을 듣고 해당하는 답을 고르세요.

1. Папа преподаёт _____ в институте.

　(А) математику

　(Б) политику

　(В) технику

2. Ксения _____ ребёнок в семье.

　(А) первый

　(Б) второй

　(В) третий

3. Мама часто _____ .

   (А) готовит гостям вкусные блюда

   (Б) отдыхает

   (В) помогает решать трудные задачи

4. Жена старшего брата не работает, потому что _____ .

   (А) она учится в университете

   (Б) дочка совсем маленькая

   (В) она не любит свою работу

5. Когда сестра Ксении играет на пианино, _____ .

   (А) все восхищаются её игрой

   (Б) все аплодируют ей

   (В) никто не слушает её

필수 표현 정리

преподавать	가르치다
задача	과제, 문제
маленький	작은
восхищаться	감탄하다, 매료되다
аплодировать	박수치다
технический	기술의
настоящий	진짜의, 훌륭한
угощать	대접하다
фирменный	특제의, 훌륭한
окончание	종결 / 졸업 (+ университета 등)
государственный	국가의
дипломат	외교관
внешний	외적인, 외부의
уютный	편안한
чистый	깨끗한, 순수한
уехать	떠나다
собираться	~할 예정이다, ~하려고 하다

02 장문 듣기 2   가족 소개

학습 날짜   /   학습 완료

🎧 음원듣기

✏️ 오늘의 학습 목표

- ☑ 문제 유형 설명: 장문 듣기 – 가족 소개
- ☑ 지문 청취 및 문제 풀이
- ☑ 필수 표현 정리

STEP 01 ─ **문제 유형 설명**

☑ 장문 듣기

: 가족 소개와 관련된 장문을 듣고 해당하는 질문에 따른 답변 찾기

STEP 02 ─ **지문 청취 및 문제 풀이**   정답 및 해설 **p.212**

> Задание 1-5. Прослушайте текст и выполните задания к нему.
> 내용을 듣고 해당하는 답을 고르세요.

1. Эту историю рассказал _____ .

    (А) Владимир

    (Б) младший брат Владимира

    (В) старший брат Владимира

2. Владимир окончил школу _____ .

    (А) за 9 лет

    (Б) за 10 лет

    (В) за 11 лет

3. Владимир больше всего любит _____ .

    (А) футбол

    (Б) хоккей

    (В) плавание

4. После окончания университета Владимир _____ .

    (А) начал работать в обычной фирме

    (Б) начал искать уникальную работу

    (В) создал собственную фирму

5. У Владимира _____ детей.

    (А) трое

    (Б) четверо

    (В) пятеро

рассказать	이야기하다
больше всего	무엇보다도 가장
искать	찾다
уникальный	특별한, 독특한
собственный	개인 소유의, 자기 자신의
талантливый	재능 있는
трудолюбивый	근면 성실한, 부지런한
раньше	이전에, 일찍 / 더 이르게 (비교급)
вид	종류, 모양, 풍경
главный	주요한, 메인의
выступать	공연하다, 출연하다, 발표하다
соревнование	경기, 경쟁
благодаря + 여격	~ 덕분에
риск	위험, 부담
перспективный	전망 있는, 유망한
женат	기혼이다 (남)
проводить время	시간을 보내다

03 장문 듣기 3 일화 ①

학습 날짜   /   학습 완료

🎧 음원듣기

🖉 오늘의 학습 목표

☑ 문제 유형 설명: 장문 듣기 – 일화 ①

☑ 지문 청취 및 문제 풀이

☑ 필수 표현 정리

STEP 01 — **문제 유형 설명**

☑ 장문 듣기

: 일화와 관련된 장문을 듣고 해당하는 질문에 따른 답변 찾기

STEP 02 — **지문 청취 및 문제 풀이**   정답 및 해설 **p.215**

> Задание 1-5. Прослушайте текст и выполните задания к нему.
>
> 내용을 듣고 해당하는 답을 고르세요.

1. Вы прослушали _____ .

   (А) сообщение водителя

   (Б) объявление

   (В) рассказ

2. Девушка собиралась посмотреть фильм _____ .

   (А) с водителем

   (Б) со своим парнем

   (В) одна

3. Девушка долго ждала автобус, потому что _____ .

  (А) на дороге была авария

  (Б) на дороге была большая пробка

  (В) автобус вдруг остановился и не ехал

4. До кинотеатра «Свобода» можно добраться _____ .

  (А) на автобусе номер 100

  (Б) на автобусе номер 10

  (В) пешком

5. Девушка поехала в незнакомое место, потому что _____ .

  (А) она потеряла дорогу

  (Б) она проспала

  (В) она перепутала автобусы

STEP 03 — 필수 표현 정리

сообщение	소식, 안내, 메시지
прослушать	경청하다
пробка	교통 체증, 길 막힘
остановиться	멈추다, 서다
добраться	도달하다
потерять	잃어버리다
проспать	늦잠 자다
перепутать	헷갈리다, 착각하다
странный	이상한
договориться	약속하다, 합의하다
опаздывать	지각하다, 늦다
проснуться	잠에서 깨다
пропустить	지나치다, 놓치다, 결석하다
направление	방향

04 장문 듣기 4   일화 ②

🎧 음원듣기

🖊 오늘의 학습 목표

- ☑ 문제 유형 설명: 장문 듣기 – 일화 ②
- ☑ 지문 청취 및 문제 풀이
- ☑ 필수 표현 정리

STEP 01 ── **문제 유형 설명**

☑ 장문 듣기

: 일화와 관련된 장문을 듣고 해당하는 질문에 따른 답변 찾기

STEP 02 ── **지문 청취 및 문제 풀이**   정답 및 해설 **p.218**

> Задание 1-5. Прослушайте текст и выполните задания к нему.
>
> 내용을 듣고 해당하는 답을 고르세요.

1. Вы прослушали _____ .

   (А) лекцию

   (Б) радиопередачу

   (В) рассказ

2. Говорящий работает в компании, которая _____ .

   (А) делает одежду для мужчин

   (Б) делает одежду для женщин

   (В) делает одежду для детей

3. Директор компании думает, что _____ .

    (А) сотрудники должны усердно работать

    (Б) сотрудники должны обсуждать всё

    (В) сотрудники должны много работать

4. Сотрудники компании думали, что «это» – это _____ .

    (А) новая одежда

    (Б) перерыв

    (В) вечеринка

5. Почему директор компании рассердился на своих сотрудников?

    (А) Потому что ни у кого нет никаких идей.

    (Б) Потому что все забыли, о чём он говорил.

    (В) Потому что никто не любит собрания.

передача	방송 / 전달
делать	~을 하다 / 만들다
усердно	열심히
обсуждать	~을 논의하다, 토의하다
сотрудник	직원(동료)
рассердиться	화를 내다
забыть	잊어버리다, 깜빡하다
собрание	모임, 회의
модный	유행하는
произойти	(사건이) 발생하다, 일어나다
развиваться	발전하다, 발달하다
мне кажется, что	~라고 생각이 된다
надевать	~을 입다, 걸치다
перерыв	쉬는 시간

05 장문 듣기 5　사건 소개 ①

🖉 오늘의 학습 목표

- ☑ 문제 유형 설명: 장문 듣기 – 사건 소개 ①
- ☑ 지문 청취 및 문제 풀이
- ☑ 필수 표현 정리

🎧 음원듣기

STEP 01 ─ **문제 유형 설명**

☑ 장문 듣기

: 사건 소개와 관련된 장문을 듣고 해당하는 질문에 따른 답변 찾기

STEP 02 ─ **지문 청취 및 문제 풀이** 　　　　　정답 및 해설 **p.222**

> Задание 1-5. Прослушайте текст и выполните задания к нему.
> 내용을 듣고 해당하는 답을 고르세요.

1. Шахматы родились в Индии _____ .

　(А) в 8 веке

　(Б) в 11 веке

　(В) в 19 веке

2. Сначала шахматы использовали, _____ .

　(А) чтобы играть с друзьями

　(Б) чтобы проводить международные соревнования

　(В) чтобы научить принцев побеждать войны

3. Международный шахматный союз проводит Международные Шахматные

Олимпиады _____ .

    (А) 2 раза в год

    (Б) раз в 2 года

    (В) раз в год

4. Гарри Каспаров с детства увлекался игрой в шахматы _____ .

    (А) благодаря компьютеру Deep Blue

    (Б) благодаря шахматному клубу

    (В) благодаря родителям

5. В 1997 году Гарри Каспаров играл в шахматы с суперкомпьютером и _____ .

    (А) проиграл

    (Б) выиграл

    (В) сыграл вничью

STEP 03 — 필수 표현 정리

использовать	사용하다
международный	국제의, 국제적인
научить	~하도록 가르치다
побеждать	승리하다
союз	연합
Олимпиада	올림피아드
увлекаться	~에 몰두하다, 빠지다
появиться	등장하다, 나타나다
участвовать	~에 참가하다, 참석하다
получить славу	명성을 얻다, 위신을 얻다
король	황제
проиграть	지다, 패배하다
выиграть	이기다, 승리하다
с нетерпением	참을 수 없이, 학수고대하며
болеть за кого	~을 응원하다, 지지하다

06 장문 듣기 6 사건 소개 ②

✏️ 오늘의 학습 목표

🎧 음원듣기

☑️ 문제 유형 설명: 장문 듣기 – 사건 소개 ②

☑️ 지문 청취 및 문제 풀이

☑️ 필수 표현 정리

STEP 01 ─ **문제 유형 설명**

☑️ 장문 듣기

: 사건을 소개하는 장문을 듣고 해당하는 질문에 따른 답변 찾기

STEP 02 ─ **지문 청취 및 문제 풀이**　　　　　정답 및 해설 p.225

> Задание 1-5. Прослушайте текст и выполните задания к нему.
> 내용을 듣고 해당하는 답을 고르세요.

1. Футбол – _____ вид спорта.

　(А) одиночный

　(Б) командный

　(В) необычный

2. Раньше люди делали мячи _____ .

　(А) из разных материалов

　(Б) из кожи

　(В) из дерева

3. Чемпионат мира по футболу проводится каждые 4 года _____ .

    (А) только для футболистов

    (Б) и для футболистов, и для фанатов футбола

    (В) для народов России

4. В 2018 году страной-хозяйкой чемпионата мира по футболу была _____ .

    (А) Франция

    (Б) Великобритания

    (В) Россия

5. Символом чемпионата мира по футболу в России был _____ .

    (А) футбол

    (Б) волк

    (В) мяч

командный	팀으로 구성된
материал	물질, 자료, 재료
Чемпионат мира	세계 챔피언십
фанат	팬
символ	상징, 마스코트
считаться	~로 여겨지다, 생각되다
правило	규칙, 규정
различать	구분하다
судья	심판, 판사
контролировать	통제하다, 운용하다
кричать	소리치다
знаменитый	저명한, 잘 알려진
мероприятие	행사, 축제
пройти	진행되다
принимать участие	참석하다, 참여하다

07 장문 듣기 7 명소 소개

✏️ **오늘의 학습 목표**

☑️ 문제 유형 설명: 장문 듣기 – 명소 소개

☑️ 지문 청취 및 문제 풀이

☑️ 필수 표현 정리

🎧 음원듣기

STEP 01 **문제 유형 설명**

☑️ 장문 듣기

: 명소를 소개하는 장문을 듣고 해당하는 질문에 따른 답변 찾기

STEP 02 **지문 청취 및 문제 풀이**   정답 및 해설 **p.228**

> Задание 1-5. Прослушайте текст и выполните задания к нему.
>
> 내용을 듣고 해당하는 답을 고르세요.

1. Вы прослушали _____ .

   (A) радиопередачу

   (Б) сообщение гида

   (В) лекцию

2. Главным символом Петергофа являются _____ .

   (A) парки

   (Б) дворцы

   (В) фонтаны

3. Город, где учился Пушкин, – это _____ .

   (А) Петергоф

   (Б) Царское село

   (В) Павловск

4. Царское село получило новое название в честь _____ .

   (А) Пушкина

   (Б) Петра I

   (В) Павла I

5. Во время войны сильно пострадал город _____ .

   (А) Петергоф

   (Б) Царское село

   (В) Павловск

STEP 03 — 필수 표현 정리

символ	상징
в честь + 생격	~을 위하여, 기념하여
великолепный	장대한, 위대한
достопримечательность	명소
пригород	교외 지역, 시외, 근교
сложный	복잡한
огромный	거대한
с того момента	그 이후로
столетие	100년, 100주년
смерть	죽음
гордость	자랑스러움, 긍지
пострадать	고통받다
стоит	~할 가치가 있다
посетить	방문하다

08 장문 듣기 8 인물 소개 ①

✏️ 오늘의 학습 목표

🎧 음원듣기

☑️ 문제 유형 설명: 장문 듣기 – 인물 소개 ①

☑️ 지문 청취 및 문제 풀이

☑️ 필수 표현 정리

STEP 01 ┤ **문제 유형 설명**

☑️ 장문 듣기

: 인물을 소개하는 장문을 듣고 해당하는 질문에 따른 답변 찾기

STEP 02 ┤ **지문 청취 및 문제 풀이**

정답 및 해설 p.231

> Задание 1-5. Прослушайте текст и выполните задания к нему.
>
> 내용을 듣고 해당하는 답을 고르세요.

1. Менделеев был _____ ребёнком в семье.

   (А) седьмым

   (Б) семнадцатым

   (В) семидесятым

2. Мать Менделеева переехала в Санкт-Петербург, _____ .

   (А) чтобы зарабатывать деньги

   (Б) чтобы Менделеев преподавал в университете

   (В) чтобы Менделеев получил хорошее образование

3. _____ Менделеев стал старательным учеником и с отличием окончил школу.

(А) Благодаря себе

(Б) Благодаря матери

(В) Благодаря учителю

4. Менделеев открыл _____ .

(А) периодический закон химических элементов

(Б) элемент, который носит его имя

(В) школу

5. Главным делом жизни Менделеева стало _____ .

(А) открытие школ

(Б) создание химических элементов

(В) создание периодической таблицы

зарабатывать	(돈을 벌기 위해) 일하다, 돈을 벌다
получить образование	교육을 받다
старательный	노력하는 태도를 지닌, 노력하는
закон	법
химические элементы	뷱 화학 원소
ленивый	게으른
стараться	노력하다, 애쓰다
система	체계, 시스템
экономический	경제의
педагогический	교육의
развитие	발전, 발달
создание	창조, 생성, 조성

09 장문 듣기 9 인물 소개 ②

✏ 오늘의 학습 목표

🎧 음원듣기

☑ 문제 유형 설명: 장문 듣기 – 인물 소개 ②

☑ 지문 청취 및 문제 풀이

☑ 필수 표현 정리

STEP 01 ─ 문제 유형 설명

☑ 장문 듣기

: 인물을 소개하는 장문을 듣고 해당하는 질문에 따른 답변 찾기

STEP 02 ─ 지문 청취 및 문제 풀이

정답 및 해설 **p.233**

> Задание 1-5. Прослушайте текст и выполните задания к нему.
> 내용을 듣고 해당하는 답을 고르세요.

1. Мать Шостаковича была _____ .

(А) его первым преподавателем музыки

(Б) его первым учеником

(В) его лучшим другом

2. Шостакович сочинил свою первую симфонию, когда ему было _____ .

(А) 14 лет

(Б) 16 лет

(В) 18 лет

3. На сценах Америки и Германии исполняли _____ .

(А) Первую симфонию Шостаковича

(Б) Пятую симфонию Шостаковича

(В) Седьмую симфонию Шостаковича

4. По радио передавали седьмую симфонию, _____ .

(А) когда жители Ленинграда победили врагов

(Б) когда Ленинград был в блокаде

(В) когда Шостакович сочинил её

5. Содержанию текста более всего соответствует название _____ .

(А) «Музыкальный талант Шостаковича»

(Б) «Русский композитор-патриот, Шостакович»

(В) «Известные симфонии Шостаковича»

STEP 03 **필수 표현 정리**

ученик	제자, 수강생, 학생
сочинить	저작하다, 짓다
симфония	교향곡
исполнять	실행하다, 연주하다, 이행하다
передавать	전해주다, 전달하다
житель	거주자
музыкальные инструменты	퇵 악기
невероятный	믿을 수 없는
отличаться	~와 구별되다, 차이를 보이다
иметь значение	의미를 지니다
вызвать	~를 호출하다, (감정을) 불러 일으키다
защитить	지키다, 방어하다
создатель	창작자, 저자
патриот	애국자
известный	유명한, 잘 알려진
название	명칭, 제목

10 장문 듣기 10 인물 소개 ③

학습 날짜 / 학습 완료

🎧 음원듣기

✏️ **오늘의 학습 목표**

☑️ 문제 유형 설명: 장문 듣기 – 인물 소개 ③

☑️ 지문 청취 및 문제 풀이

☑️ 필수 표현 정리

STEP 01 ┤ 문제 유형 설명

☑️ 장문 듣기

: 인물을 소개하는 장문을 듣고 해당하는 질문에 따른 답변 찾기

STEP 02 ┤ 지문 청취 및 문제 풀이　　　　　정답 및 해설 **p.236**

> Задание 1-5. Прослушайте текст и выполните задания к нему.
> 내용을 듣고 해당하는 답을 고르세요.

1. Марию Шарапову пригласили в Америку, когда ей было _____ .

　(А) 4 года

　(Б) 6 лет

　(В) 8 лет

2. Марии Шараповой подарил первую ракетку _____ .

　(А) отец

　(Б) Евгений Кафельников

　(В) Мартина Навратилова

3. Когда Мария Шарапова жила в Америке, _____ .

(А) она не тренировалась

(Б) она усердно училась

(В) она с утра до вечера тренировалась

4. Мария Шарапова стала единственной россиянкой, _____ .

(А) которую включили в список «100 самых влиятельных мировых знаменитостей»

(Б) которая всегда выигрывала на соревнованиях

(В) которую пригласили в Америку

5. Мария Шарапова стала выдающейся теннисисткой _____ .

(А) благодаря родителям

(Б) благодаря своим усилиям

(В) благодаря Мартине Навратиловой

пригласить	초대하다, 초청하다
подарить	선물하다
тренироваться	훈련하다
единственный	유일한, 단독의
влиятельный	영향력 있는
знаменитость	유명 인사
уметь	~할 줄 알다
легендарный	전설적인
график занятий	훈련 스케줄
привыкнуть	~에 적응하다, 익숙해지다
добиваться	~을 얻다, 달성하다
принести славу	영광을 안겨 주다

11 대화문 듣기 1

학습 날짜   /   학습 완료

음원듣기

✏️ **오늘의 학습 목표**

☑️ 문제 유형 설명: 상황 · 장소별 대화문 ①

☑️ 지문 청취 및 문제 풀이

☑️ 필수 표현 정리

STEP 01 ── 문제 유형 설명

☑️ 대화문 듣기

: 상황 · 장소에 따른 두 사람의 대화문을 듣고 해당하는 질문에 따른 답변 찾기

STEP 02 ── 지문 청취 및 문제 풀이   정답 및 해설 **p.239**

> Задание 1-3. Прослушайте диалог один и выполните задания к нему.
> 내용을 듣고 해당하는 답을 고르세요.

1. Саша купил родителям конфеты и вино _____ .

  (А) на Новый год

  (Б) на день рождения

  (В) на Рождество

2. Саша недавно купил букет цветов, потому что _____ .

  (А) мама уезжает в Америку

  (Б) у мамы был день рождения

  (В) недавно было Рождество

3. Что Саша хочет подарить родителям на Новый год?

(А) Конфеты и вино

(Б) Букет цветов

(В) Новый чемодан

Задание 1-3. Прослушайте диалог два и выполните задания к нему.
내용을 듣고 해당하는 답을 고르세요.

---

1. Мужчина спросил женщину о Москве, потому что _____ .

(А) ему интересно узнать об истории Москвы

(Б) он первый раз едет в Москву

(В) он хорошо знает Москву

2. Женщина порекомендовала мужчине пойти _____ .

(А) в Москву

(Б) на рынок

(В) на Красную площадь

3. В торговом центре можно купить сувениры и _____ .

(А) увидеть достопримечательности

(Б) поесть вкусную еду

(В) увидеть Красную площадь

STEP 03 ─ 필수 표현 정리

Рождество	성탄절, 크리스마스
цветы	복 꽃
уезжать	떠나다
прошлый	지난, 저번의
что-нибудь	무엇이든지 간에
подумать	잠시 생각하다, 고민해 보다
идея	아이디어, 생각
спросить	물어보다, 질문하다
порекомендовать	추천해 주다
поесть	허기를 채우다, 조금 먹다
волноваться	긴장하다, 떨리다
обязательно	반드시, 꼭
счастливый	행복한, 기쁜
путешествие	여행, 여정

듣기 영역

12 대화문 듣기 2

학습 날짜 | / | 학습 완료

🎧 음원듣기

✏️ **오늘의 학습 목표**

☑️ 문제 유형 설명: 상황 · 장소별 대화문 ②

☑️ 지문 청취 및 문제 풀이

☑️ 필수 표현 정리

STEP 01 — **문제 유형 설명**

☑️ 대화문 듣기

: 상황 · 장소에 따른 두 사람의 대화문을 듣고 해당하는 질문에 따른 답변 찾기

STEP 02 — **지문 청취 및 문제 풀이**　　　　　정답 및 해설 **p.242**

> Задание 1-3. Прослушайте диалог один и выполните задания к нему.
> 내용을 듣고 해당하는 답을 고르세요.

1. Александр Михайлович не работает в этом году, потому что _____ .

　(А) он сильно заболел

　(Б) он не хочет работать

　(В) он просто хочет отдыхать

2. Новый учитель преподаёт русский язык _____ .

　(А) больше 10 лет

　(Б) больше 20 лет

　(В) больше 30 лет

3. Антон с нетерпением ждёт _____ .

(А) отдыха

(Б) урока нового учителя

(В) иностранцев

Задания 1-3. Прослушайте диалог два и выполните задания к нему.
내용을 듣고 해당하는 답을 고르세요.

1. Илья хочет поехать _____ в отпуск.

(А) в Японию

(Б) в Испанию

(В) во Францию

2. Вера хочет поехать _____ .

(А) или в Испанию, или во Францию

(Б) в Японию

(В) только в Испанию

3. Илья посоветовал Вере поехать в Испанию, потому что _____ .

(А) там всегда весело

(Б) там сейчас фестиваль фламенко

(В) он очень любит фламенко

заболеть	병이 나다, 아프게 되다
отдыхать	쉬다, 휴식하다
больше не	더 이상 ~하지 않다
опытный	경력 있는, 경험 있는
послушать	들어 보다
поехать в отпуск	~로 휴가를 떠나다
посоветовать	조언해 주다
экзотический	이색적인, 이국적인 분위기의
нельзя + СВ	~하는 것이 불가능하다
проходить	개최되다, 진행되다
весело	즐겁게, 활기차게
оба(남, 중) / обе(여)	둘 다, 양쪽 모두
давно	오래 전부터
ждать	기다리다, 기대하다

13 대화문 듣기 3

🎧 음원듣기

✏️ 오늘의 학습 목표

- ☑️ 문제 유형 설명: 상황 · 장소별 대화문 ③
- ☑️ 지문 청취 및 문제 풀이
- ☑️ 필수 표현 정리

STEP 01 ┤ **문제 유형 설명**

☑️ 대화문 듣기

: 상황 · 장소에 따른 두 사람의 대화문을 듣고 해당하는 질문에 따른 답변 찾기

STEP 02 ┤ **지문 청취 및 문제 풀이**

정답 및 해설 p.245

> Задания 1-3. Прослушайте диалог один и выполните задания к нему.
> 내용을 듣고 해당하는 답을 고르세요.

1. Катя едет _____ .

    (А) домой

    (Б) к бабушке

    (В) в Исторический музей

2. Бабушка Коли недавно _____ .

    (А) переехала

    (Б) посетила Исторический музей

    (В) пришла домой

3. Катя предложила Коле _____ .

   (А) навестить бабушку

   (Б) вместе поехать домой

   (В) вместе поехать в музей

Задания 1-3. Прослушайте диалог два и выполните задания к нему.
내용을 듣고 해당하는 답을 고르세요.

---

1. Мама не сможет приготовить рыбу, потому что _____ .

   (А) сын не хочет есть рыбу

   (Б) папа не любит рыбу

   (В) рыбный отдел не работает

2. Сын хочет _____ .

   (А) котлеты и картофельное пюре

   (Б) сыр и колбасу

   (В) молоко

3. Мама сказала сыну, чтобы он взял ещё одну плитку шоколада _____ .

   (А) и для папы

   (Б) и для мамы

   (В) и для брата

STEP 03 — 필수 표현 정리

недавно	얼마 전에, 최근에
прийти	도착하다
предложить	제안하다, 제시하다
район	지역, 동네
недалеко + от 생격	~로부터 멀지 않은 곳에
согласен	동의하다
приготовить	요리하다, 준비하다
рыбный	생선의
мясной	고기의
выбрать	선택하다, 고르다
касса	계산대, 매표소
отдел	부서, 파트, 코너

14 인터뷰 듣기

✏️ 오늘의 학습 목표

- ☑ 문제 유형 설명: 인터뷰
- ☑ 지문 청취 및 문제 풀이
- ☑ 필수 표현 정리

🎧 음원듣기

STEP 01 — **문제 유형 설명**

☑ 인터뷰 듣기

: 인터뷰를 듣고 해당하는 질문에 따른 답변 찾기

STEP 02 — **지문 청취 및 문제 풀이**   정답 및 해설 **p.249**

> Задание 1-3. Прослушайте диалог один и выполните задания к нему.
> 내용을 듣고 해당하는 답을 고르세요.

1. Максим Матвеев мечтал стать актёром, _____ .

   (А) когда играл в сериалах

   (Б) когда смотрел сериалы с бабушкой

   (В) когда случайно увидел известного актёра

2. Чтобы стать актёром, Максим Матвеев _____ .

   (А) каждый день читал и повторял сценарии фильмов

   (Б) каждый день смотрел сериалы

   (В) встречался с хорошими актёрами

3. Максим Матвеев думает, что настоящий актёр должен _____ .

(А) быть красивым

(Б) жить богато

(В) хорошо играть

Задания 1-3. Прослушайте диалог два и выполните задания к нему.
내용을 듣고 해당하는 답을 고르세요.

1. Вы прослушали _____ .

(А) статью

(Б) рассказ

(В) интервью

2. Студенка изучает русскую литературу в университете и хочет _____ .

(А) поступить в аспирантуру

(Б) работать в библиотеке

(В) работать в какой-нибудь компании

3. Студентка любит писать статьи о произведениях, и хочет работать _____ .

(А) журналистом

(Б) профессором

(В) литературным критиком в журналах

мечтать	꿈꾸다, 바라다
сериалы	드라마
случайно	우연히, 예기치 못하게
каждый	각각의, 매~ , ~마다
встречаться	만나다
богато	부유하게
произношение	발음
повторять	반복하다
чувствовать	느끼다
аспирантура	대학원
произведение	작품 (예술, 문학 등)
опрос	설문 조사
классика	고전 작품
углублённо	심도 있게, 열심히 (= серьёзно)
критик	비평가

15 광고, 공고, 뉴스 듣기

🎧 음원듣기

✏️ **오늘의 학습 목표**

☑ 문제 유형 설명: 광고, 공지, 뉴스

☑ 지문 청취 및 문제 풀이

☑ 필수 표현 정리

STEP 01 ─ **문제 유형 설명**

☑ 광고, 공지, 뉴스 듣기

: 주어진 광고(공지, 뉴스)를 듣고 해당하는 질문에 따른 답변 찾기

STEP 02 ─ **지문 청취 및 문제 풀이**   정답 및 해설 **p.252**

> Задание 1. Прослушайте рекламу и выполните задания к ней.
>
> 광고를 듣고 문제에 해당하는 답을 고르세요.

– Это реклама _____ .

　(А) нового романа

　(Б) писательницы

　(В) книжного магазина

Задание 2. Прослушайте рекламу и выполните задания к ней.

광고를 듣고 문제에 해당하는 답을 고르세요.

– Это реклама _____ .

    (А) романтичного свидания

    (Б) прекрасного вида на Невский проспект

    (В) нового ресторана

Задание 3. Прослушайте объявление и выполните задания к ней.

공지를 듣고 문제에 해당하는 답을 고르세요.

– Со следующего месяца студенты должны слушать лекции _____ .

    (А) в том же здании, что и сейчас

    (Б) в главном корпусе

    (В) в другом университете

Задание 4. Прослушайте объявление и выполните задания к ней.

공지를 듣고 문제에 해당하는 답을 고르세요.

– Пассажиры должны выйти _____ .

    (А) на станции «Охотный ряд»

    (Б) на станции «Арбатская»

    (В) на следующей станции

Задание 5. Прослушайте новости и выполните задания к ней.

뉴스를 듣고 문제에 해당하는 답을 고르세요.

– Это _____ визит президента РФ.

  (А) первый официальный

  (Б) второй официальный

  (В) первый частный

STEP 03 ─ 필수 표현 정리

реклама	광고
книжный	도서의, 책의
новинка	신제품, 신상
фантастический	환상적인
спешить	서두르다
приобрести	구매하다, 얻다, 갖다
романтичный	낭만적인
обслуживание	서비스
забронировать	예약하다
заранее	사전에, 미리
следующий	다음의, 후에
современный	현대의
причина	이유, 원인
пересесть	옮겨 앉다, 옮겨 타다
сделать пересадку	환승하다
официальный	공식적인

STEP 01 ─ **듣기 영역 – 응시 안내문**

АУДИРОВАНИЕ

Инструкция к выполнению теста

- Время выполнения теста определяется звучанием аудиозаписи.
- При выполнении теста пользоваться словарём нельзя.
- Тест состоит из 6 текстов и 30 заданий.
- После каждого прослушанного сообщения выберите правильный вариант и отметьте соответствующую букву на матрице.

Например:

(Б – правильный вариант).

Если Вы ошиблись и хотите исправить ошибку, сделайте это так:

(А – ошибка, Б – правильный вариант).

Все аудиотексты и задания звучат только один раз.

정답 및 해설 **p.255**

Задания 1-6. Прослушайте текст и выполните задания к нему.

1. Семья Лены _____ .

(А) живёт в Екатеринбурге

(Б) живёт в Москве

(В) часто переезжает в разные города

2. Папы часто не было дома, потому что _____ .

(А) он любит путешествовать по разным городам

(Б) он искал сюжеты для своих картин

(В) он любил посещать выставки, которые проводились в разных странах

3. Когда в семье праздник, _____ .

(А) мама танцует для любимой семьи

(Б) мама водит детей в галерею смотреть папины картины

(В) мама готовит вкусные пироги

4. Мама Лены считает, что самое важное – это _____ .

(А) соблюдение чистоты в квартире

(Б) вкусная еда

(В) добрая душа её детей

5. Братья Лены усердно работают и хотят накопить большой опыт работы, так как _____ .

(А) они очень любят компьютеры

(Б) в будущем они хотят заниматься своим бизнесом

(В) они оба трудолюбивые

6. Семья Лены _____ .

(А) гордится своим родным городом

(Б) не очень любит свой родной город

(В) хочет скоро переехать в Москву

Задания 7-11. Прослушайте текст (диалог) и выполните задания к нему.

7. Кто такая Юлия Степанова?

(А) Начинающая балерина.

(Б) Знакомая балерина Димы и Лены.

(В) Любимая балерина Димы и Лены.

8. Из-за чего Юлия Степанова долго не могла танцевать?

(А) Она просто больше не хотела танцевать.

(Б) Она получила травму, когда танцевала.

(В) Она бросила свою труппу, поэтому другие театры не захотели с ней работать.

9. Многие любители балета думают, что _____ .

(А) Юлия Степанова танцует, как нимфа

(Б) Юлия Степанова – самая талантливая балерина в мире

(В) кроме Юлии Степановой в России больше нет хороших балерин

10. Один из говорящих боится, что _____ .

(А) все билеты уже куплены

(Б) Юлия Степанова больше не будет выступать

(В) они не смогут посетить первое выступление Юлии Степановой

11. Дима считает травму Юлии Степановой _____ .

(А) большой неудачей

(Б) одной из самых печальных трагедий в мире

(В) естественной

Задания 12-15. Прослушайте текст (диалог) и выполните задания к нему.

12. Зачем говорящий позвонил в спортивный зал?

(А) Ему скучно, поэтому он решил просто поговорить.

(Б) Он хочет начать заниматься в зале, поэтому решил задать несколько вопросов.

(В) Он хочет познакомиться с тренерами.

13. Отвечающий предлагает говорящему записаться в фитнес-клуб не на месяц, а на несколько месяцев, _____ .

(А) так как можно получить скидку и пользоваться разными услугами

(Б) так как здоровье очень важно для человека и надо беречь его

(В) так как он хочет больше заработать

14. Когда работает фитнес-клуб?

(А) С утра до вечера.

(Б) Только вечером.

(В) 24 часа в сутки.

15. Если говорящий запишется в фитнес-клуб на 3 месяца, то ему нужно заплатить _____ .

(А) 30,000 руб

(Б) 27,000 руб

(В) 10,000 руб

Задания 16-18. Прослушайте текст (рекламу) и выполните задания к нему.

16. Вы прослушали _____ .

    (А) рекламу

    (Б) интервью

    (В) ток-шоу

17. Говорящий предлагает людям _____ .

    (А) срочно купить авиабилеты

    (Б) поехать куда-нибудь в отпуск

    (В) забронировать дешёвый отель

18. В туры включены билеты на самолёт, экскурсии и _____ .

    (А) вкусная еда

    (Б) бюджетный ресторан

    (В) гостиницы

Задания 19-24. Прослушайте текст и выполните задания к нему.

19. Вы слушали _____ .

    (А) лекцию

    (Б) сообщение гида

    (В) радиопередачу

20. В Царицыно начали строить «Царское село» по просьбе _____ .

    (А) Екатерины II

    (Б) Василия Баженова

    (В) одного ученика Василия Баженова

21. Почему императрице не понравился Главный дворец?

(А) Главный дворец выглядел слишком современным.

(Б) Ей не нравился Василий Баженов.

(В) Она подумала, что все комнаты дворца очень маленькие, и жить там будет невозможно.

22. В выходные многие москвичи приезжают в Царицыно, _____ .

(А) так как это самое популярное место в Москве

(Б) чтобы отдохнуть и погулять там

(В) потому что хотят увидеть, как Екатерина II жила там раньше

23. В Царицыно сдавали комнаты в аренду, поэтому _____ .

(А) не только известные, но и обычные люди могли пожить там

(Б) хозяин этого места получил много денег

(В) многие артисты хотели жить там

24. Говорящий предложил туристам _____

(А) пойти с ним в другое место

(Б) в следующий раз осмотреть все здания

(В) арендовать комнату

Задания 25-30. Прослушайте текст и выполните задания к нему.

25. Вы слушали _____ .

(А) рассказ

(Б) интервью

(В) статью

26. Разговаривали _____ .

(А) два артиста из цирка

(Б) родители и артист из цирка

(В) журналист и артист из цирка

27. Говорящий считает, что в последнее время _____ .

(А) мало кто интересуется цирком

(Б) почти никто не интересуется цирком

(В) абсолютно все интересуются цирком

28. Родители ходят с детьми в цирковые центры, _____ .

(А) так как они хотят посмотреть на циркачей

(Б) чтобы дети занимались цирковым искусством

(В) когда у детей день рождения

29. Серьёзный цирк – это _____ .

(А) передача по телевизору

(Б) занятия в цирковой студии

(В) профессиональный цирк

30. Говорящий думает, что профессиональный цирк _____ .

(А) важен для многих людей

(Б) полезен для здоровья

(В) интересен только некоторым родителям

토르플
1단계
읽기 영역
듣기 영역

정답 및 해설
Ответы и Пояснения

읽기 영역 01

💬 텍스트 분석

제 이름은 미하일입니다. 저는 모스크바 대학교 의학부 3학년에 재학 중입니다. 제 고향 도시는 모스크바가 아니라 이르쿠츠크입니다. 지금 저는 모스크바에서 혼자 살고 있습니다. 반면 나의 가족은 물론 이르쿠츠크에서 살고 있습니다.

[1]모스크바 대학교에는 러시아에서 가장 숙련되고 가장 유명한 외과 의사가 강의를 하고 있기 때문에, 저는 바로 이곳 모스크바에서 공부를 하기로 결심했습니다. 저는 그의 수업을 들을 수 있다는 것에 너무 만족하고 있습니다. 저도 또한 아픈 환자들에게 도움을 주는 그런 위대한 의사가 되고 싶습니다.

저는 취미가 엄청 많습니다. 하지만 무엇보다도 저는 운동하는 것을 가장 좋아합니다. 수업 후에 저는 친구들과 항상 경기장에서 축구를 합니다. [2]저는 대학 축구팀의 메인 선수입니다. 그래서 저는 다른 도시에 경기를 참가하러 자주 다녀오곤 합니다.

그리고 또한 저는 테니스 치는 것도 좋아합니다. 주말에 저는 테니스 코트에서 테니스를 칩니다.

운동 외에도 저는 음악 듣는 것을 좋아합니다. 모든 장르 중에서 저는 클래식 음악을 무엇보다도 제일 좋아합니다. 그래서 [3]저는 필하모닉에 콘서트를 들으러 자주 갔다 오곤 합니다. 저는 클래식 음악을 들을 때 안정이 됩니다. 그래서 제가 저의 모든 문제를 해결할 수 있을 것 같다고 여겨집니다.

저는 새로운 사람들과 만나는 것을 좋아합니다. 그래서 저에게는 항상 새로운 친구들이 생겨납니다. 얼마 전에 저는 클래식 음악을 좋아하는 올랴라는 친구를 알게 되었습니다. 그녀는 제게 그녀 또한 자주 혼자서 필하모닉에 갔다 온다고 말했습니다. 우리는 함께 콘서트를 듣기로 약속했습니다. 우리는 다음 주에 함께 차이콥스키(콘서트)를 들으러 갈 것입니다.

저는 제 고향 도시에 일 년에 2-3번 정도로 가끔 갑니다. 왜냐하면 모스크바에서 이르쿠츠크까지는 엄청 멀고, 비행기 표도 비싸기 때문입니다. 또한 이르쿠츠크에는 재미있는 것이 적습니다. 거의 모든 제 학교 친구들은 이르쿠츠크가 아닌 다른 도시에서 공부하고 있습니다. 그래서 제가 거기로 갈 때는 오로지 가족들과 시간을 보내곤 합니다. 우리 가족에는 아빠, 엄마, 남동생 그리고 제가 있습니다.

남동생은 아직까지 8학년에 재학 중입니다. 그는 부모님과 함께 살고 있습니다. [4]그는 저를 엄청 좋아해서 제가 이르쿠츠크에 자주 오기를 엄청 바랍니다. 그도 또한 축구를 엄청 좋아합니다. 그래서 우리는 만날 때마다 저녁 내내 우리가 좋아하는 축구 팀에 대해서 대화를 나눕니다. 남동생과 함께 여가 시간을 보내는 것은 가장 좋아하는 일 중 하나입니다.

저의 부모님은 항상 바쁩니다. 아빠는 건축가이고, 엄마는 유치원 보육 교사입니다. 아빠는 시베리아를 발전시키기 위해 훌륭한 현대식 건물들을 만드십니다. 제 아빠가 지은 모든 건물은 엄청 아름답습니다. 사람들은 아빠가 뛰어난 건축가라고 말합니다.

엄마는 유치원에서 벌써 10년 동안 일하고 있습니다. 엄마는 아이들을 엄청 좋아합니다. 그래서 항상 그들에게 도움을 주고 그들이 착하게 성장할 수 있도록 가르칩니다. [5]아이들은 우리 엄마를 전 세계 최고의 보육 교사라고 부릅니다.

1. 미하일은 바로 모스크바에서 공부하기로 결정했습니다. 왜냐하면 _____ .

    (А) 그는 러시아의 가장 숙련되고 가장 유명한 외과 의사의 수업을 듣고 싶어하기 때문입니다

    (Б) 그는 모스크바 대학교 의학부에 입학하고 싶어하기 때문입니다

    (В) 그는 가족과 함께 살고 싶지 않기 때문입니다

    정답 (А) он хочет слушать лекции самого опытного и известного хирурга России

2. 미하일은 운동하는 것을 엄청 좋아합니다. 그래서 _____ .

    (А) 그는 모든 종목의 운동을 합니다

    (Б) 그는 자주 텔레비전 프로그램을 시청합니다

    (В) 그는 대학 축구팀에서 경기를 합니다

    정답 (В) он играет в университетской футбольной команде

3. 미하일은 혼자서 자주 필하모닉에 다녀오곤 합니다. 왜냐하면 _____ .

    (А) 그는 새로운 여자친구와 알고 지내고 싶어하기 때문입니다

    (Б) 그는 클래식 음악을 들을 때 안정이 되기 때문입니다

    (В) 그는 모든 문제를 해결할 수 있기 때문입니다

    정답 (Б) он успокаивается, когда слушает классическую музыку

4. 미하일의 남동생은 _____ 엄청 기다리고 있습니다.

    (А) 부모님이 고향 도시로 돌아올 때를

    (Б) 미하일이 이르쿠츠크에 와서 그와 함께 축구에 대해 이야기를 나눌 때를

    (В) 학교 친구들과 만날 때를

    정답 (Б) когда Михаил приедет в Иркутск и будет разговаривать с ним о футболе

5. 유치원에 다니는 아이들은 미하일의 엄마를 _____ 부릅니다.

    (А) 세계 최고의 보육 교사라고

    (Б) 좋은 건설업자라고

    (В) 재능 있는 축구 선수라고

    정답 (А) лучшим воспитателем в мире

💬 텍스트 분석

제 이름은 스베틀라나입니다. 저는 예전에 발레리나였습니다. 지금 저는 발레 공연에서 공연하지 않습니다. 왜냐하면 저는 벌써 42살이기 때문입니다. 저는 발레 센터를 만들었고, 좋은 발레 아티스트가 될 수 있도록 아이들을 가르치고 있습니다.

어릴 때부터 저는 춤에 큰 재능이 있었습니다. 우리 가족에게는 총 4명의 아이가 있었고, 우리 모두는 음악을 엄청 좋아했습니다. 그래서 우리 가족은 자주 파티를 계획했고 우리 모두는 함께 춤추고 노래했습니다.

[2]저는 그 누구보다도 제일 춤을 잘 췄습니다. 그래서 모두가 저를 어린 발레리나라고 불렀습니다. 모든 가족이 손님으로 모일 때면, 할머니는 항상 제가 그녀를 위해 춤을 춰 주기를 부탁했습니다. 저는 기꺼이 집의 공연에서 춤을 췄습니다.

저는 학교에 입학한 후에도 춤추는 것을 계속했습니다. 우리 엄마에게는 아나스타시야 파블로바라는 친한 여자친구가 있습니다. 그녀는 엄청 유명한 발레리나였고, 마린스키 극장의 프리마 발레리나였습니다. 그녀가 우리집에 놀러 올 때면, 그녀는 제가 어떻게 춤을 추는지를 봤습니다.

그리고 어느 날, 그녀가 저를 위해 개인 수업을 제안했습니다. [3]처음에 저의 부모님은 반대를 했습니다. 왜냐하면 그들은 제가 그들처럼 의사가 되기를 원했기 때문입니다. 하지만 후에 그들은 저에게 재능이 있다는 것을 알았고 마침내 허락을 했습니다.

아나스타시야 파블로바 씨는 엄청 좋은 발레 선생님이었습니다. 그녀 덕분에 저는 발레에 대해 더 많은 것을 알게 되었고, 발레를 더 많이 좋아하기 시작했습니다.

제가 15살이었을 때, 저는 발레 학교에 입학했습니다. 제가 열심히 공부한 것 덕분에 저는 엄청 빨리 학교 발레 공연의 주인공이 될 수 있었습니다. 이런 공연들 중 한 곳에서 마린스키 극장의 감독이 저를 알아봤고, 스카우트했습니다(일자리로 초대했습니다).

[4]제가 처음 마린스키 극장에서 춤을 췄을 때는 너무 힘들었습니다. 그곳에는 훌륭하고 재능이 있는 발레리나들이 많았고, 그래서 저는 저에게 재능이 없고 저는 좋은 발레리나가 될 수 없을 것이라 생각했습니다.

또한 프리마 발레리나가 되기 위해서 항상 경쟁 속에서 살아야만 했습니다. 이런 이유로 저는 밤낮으로 춤을 췄습니다. 물론 그때는 엄청 힘들었지만, 저는 이 시간이 제 인생에서 가장 재미있고 가장 비교할 수 없는 시간이라 생각합니다.

제가 마린스키 극장에서 일하기 시작하고 2년 후, 저는 마침내 프리마 발레리나가 되었습니다. 저는 '잠자는 미녀', '백조의 호수' 등과 같은 그런 공연에서 춤을 췄습니다. 모두가 저를 러시아 최고의 발레리나라고 인정했고, 저는 제 공연에서 항상 큰 성공을 거뒀습니다.

[5]비록 지금은 제가 극장에서 춤추지 않더라도, 저는 아직까지 발레를 엄청 사랑합니다. 저는 제 제자들도 저처럼 발레를 사랑하기를 바랍니다.

1. 제목 '_____'이 본문의 내용에 어울립니다.

    (А) '유명한 발레리나와 그녀의 인생'

    (Б) '스베틀라나의 발레 센터'

    (В) '스베틀라나와 마린스키 극장'

    정답 (А) «Известная балерина и её жизнь»

2. 어릴 때 스베틀라나는 모든 사람들보다 춤을 더 잘 췄고, 모두가 그녀를 _____ 불렀습니다.

    (А) 마린스키 극장의 프리마 발레리나라고

    (Б) 어린 발레리나라고

    (В) 유명한 발레리나라고

    정답 (Б) маленькой балериной

3. 스베틀라나의 부모님은 마침내 그녀에게 춤을 배우는 것을 허락해 주었습니다. 왜냐하면 _____ .

    (А) 그들은 아나스타시야가 엄청 좋은 선생님이라는 것을 알았기 때문입니다

    (Б) 그들은 스베틀라나가 춤을 엄청 좋아한다는 것을 알았기 때문입니다

    (В) 그들은 스베틀라나가 엄청 재능 있다는 것을 알았기 때문입니다

    정답 (В) они поняли, что Светлана очень талантлива

4. 스베틀라나가 마린스키 극장에서 춤추기 시작했을 때 그녀는 엄청 힘들었습니다. 왜냐하면 _____ .

    (А) 그녀 외에도 그곳에는 재능 있는 발레리나들이 엄청 많았기 때문입니다

    (Б) 그녀가 춤을 엄청 못 췄기 때문입니다

    (В) 모든 사람들이 그녀의 춤을 싫어했기 때문입니다

    정답 (А) кроме неё там очень много талантливых балерин

5. 스베틀라나는 _____ 원합니다.

    (А) 그녀의 제자들이 열심히 공부하기를

    (Б) 그녀의 제자들이 발레 공연에서 공연하기를

    (В) 그녀의 제자들이 발레를 좋아하기를

    정답 (В) чтобы её ученики полюбили балет

💬 텍스트 분석

어느 날 유명한 미국 가수인 마이클 잭슨은 자신의 지인들을 자신의 집으로 초대했습니다. 잭슨과 그의 친구들은 시간을 엄청 잘 보냈습니다. 그들은 밤새 노래를 부르고 춤을 췄습니다.

[1]유명한 여가수인 신디 로퍼는 그들에게 술이 부족하다는 것을 알아차렸고, 그녀가 맥주를 사러 가겠다고 말했습니다.

신디 로퍼가 문을 열었을 때 그녀는 문 옆에 서 있는 4명의 아이들을 봤습니다. 그들은 오래된 티셔츠와 헤진 바지를 입고 있었습니다. 그리고 그들은 이미 며칠 동안 아무 것도 먹지 못한 것처럼 보였습니다. [2]가난한 아이들은 엄청 놀랐습니다. 그들은 문이 갑자기 열릴 것이라고 생각을 아예 못했습니다.

신디 로퍼가 아이들에게 물어봤습니다. "얘들아, 너희는 낯선 사람 집 근처에서 무엇을 하고 있는거니?" 아이들 중 가장 용감한 소년이 대답을 했습니다. "우리를 용서해 주세요, 신디 로퍼 씨! 우리는 아무것도 하지 않았어요. 우리는 당신에게서 그 무엇도 훔치거나 부탁하려던 게 아니었어요. [3]그저 당신들이 너무 훌륭하게 노래를 해서, 우리는 당신들의 목소리를 듣고 싶었어요. 우리는 심지어 낯선 사람의 집 문 옆에 서 있다는 것을 스스로도 눈치채지 못했어요."

그때 마이클 잭슨이 이 대화를 들었습니다. 그는 신디 로퍼에게 아이들을 그의 집 안으로 들여보내 달라고 부탁했습니다. 집 안은 밝았습니다. 아이들은 더 불쌍해 보이기 시작했습니다. 그들에게는 심지어 신발도 없었습니다.

마이클 잭슨은 친절하게 아이들에게 물어봤습니다. "얘들아, 너희는 언젠가 내 노래를 들어본 적이 있니?" 그들은 당연히 들어봤고 그의 노래를 엄청 좋아한다고 대답했습니다. [4]마이클 잭슨은 아이들의 답변을 들은 후에 미소를 지었고 자신의 노래를 부르기 시작했습니다.

마이클이 노래를 다 부른 후에 아이들은 오랫동안 박수를 쳤습니다. 그의 훌륭한 목소리와 기적과 같은 노래는 아이들에게 잊을 수 없는 감동을 가져다주었습니다. [4]마이클은 모든 아이들에게 자신의 CD를 주었고, 아이들이 음식을 살 수 있도록 500달러를 주었습니다.

[5]아이들은 그의 선함과 관대한 마음에 감사를 표했고, 불쌍한 사람들을 도와줄 수 있도록 그런 위대한 사람이 되기를 바랐습니다.

가장 용감했던 소년, 릴 웨인은 전 세계에서 유명한 힙합 아티스트가 되었습니다. 그는 어렸을 때 원했던 것처럼 불쌍한 사람들에게 도움을 주고자 노력하고 있습니다.

1. 신디 로퍼는 _____ 알아차렸고, 맥주를 사고 싶어 했습니다.

(А) 그들에게 술이 적은 것을

(Б) 그녀가 더 많이 마시고 싶어한다는 것을

(В) 마이클 잭슨이 맥주를 마시길 원하는 것을

정답 (А) у них мало алкоголя

2. 왜 아이들은 문이 열렸을 때 엄청 놀랐습니까?

(А) 왜냐하면 그들은 무엇이든지 훔치려고 했기 때문입니다.

(Б) 왜냐하면 신디 로퍼가 나타났기 때문입니다.

(В) 왜냐하면 그들은 문이 갑자기 열릴 것이라고 생각을 하지 않았기 때문입니다.

정답 (В) Потому что они не думали, что дверь вдруг откроется.

3. 아이들은 현관 옆에 서 있었습니다. 왜냐하면 _____ .

(А) 그들은 유명한 아티스트들의 목소리를 듣고 싶어했기 때문입니다

(Б) 그들은 마이클 잭슨에게 어떤 것이라도 먹을 것을 부탁하고 싶어했기 때문입니다

(В) 그들은 아티스트들과 함께 노래하고 싶어했기 때문입니다

정답 (А) они хотели слушать голоса известных артистов

4. 마이클 잭슨은 아이들을 위해 무엇을 했나요?

(А) 그는 아이들이 그를 위해 노래하기를 원했습니다.

(Б) 그는 아이들에게 CD를 달라고 부탁했습니다.

(В) 그는 자신의 노래를 불러 주었고 그들에게 음식을 살 돈을 주었습니다.

정답 (В) Он спел свои песни и дал им деньги на еду.

5. 아이들은 _____ 원했습니다.

(А) 마이클 잭슨과 같은 사람이 되기를

(Б) 힙합 아티스트가 되기를

(В) 유명한 사람이 되기를

정답 (А) стать таким же человеком, как Майкл Джексон

💬 텍스트 분석

스티브 잡스는 전 세계에서 널리 인정을 받았던 미국의 사업가이자, 발명가이자 산업 디자이너입니다. 잡스는 영화사 '픽사'와 글로벌 기업 '애플'의 설립자 중 한 명으로서 가장 큰 유명세를 얻었습니다. 많은 사람들은 그를 모바일 기술 분야의 진정한 혁명가라고 여깁니다.

스티브 잡스는 1955년 2월 24일에 샌프란시스코에서 태어났습니다. 스티브 잡스의 이른 유년 시절은 불행했습니다. 잡스 엄마의 모든 가족들과 친한 사람들은 잡스 아빠가 시리아인이었기 때문에 그의 부모님의 결혼을 반대했습니다. 그래서 잡스의 부모님은 잠깐 동안 함께 살았고 이혼했습니다. 부모님이 이혼한 결과로 잡스는 양육을 받기 위해 입양 부모에게 보내졌습니다.

다행히도, 그들은 스티브를 엄청 사랑했고, 그에게 최고의 양육과 교육을 해 주려고 노력했습니다. 그들 덕분에 스티브 잡스는 착하고 박식한 사람으로 성장했습니다. 예를 들어 [2]잡스의 입양부는 그에게 전자 공학의 기본을 가르쳐 주었고 이것 덕분에 소년은 이미 혼자서 다양한 기기를 분해하고 조립할 수 있었습니다. 그는 기기에 엄청 능통했습니다.

스티브 잡스가 20살이 되었을 때, [3]그는 처음으로 자신이 직접 컴퓨터를 만들었습니다. 그때 그는 자신이 직접 만든 기기를 판매하는 것과 자기 개인 회사를 설립하는 것에 대해 진지하게 생각했습니다. 회사를 설립하기 위해서 그에게는 돈이 필요했습니다. 그는 친구들과 함께 개인 용품을 팔았고, 회사 설립을 위한 자금을 모을 수 있었습니다.

스티브 잡스와 그의 친구들은 그 당시 '애플 1'이라고 불렸던 자신들의 제품을 성공적으로 만들어 냈습니다. 그들은 역동적으로 제품을 광고했습니다. 그들은 이제는 전 세계에서 잘 알려져 있는 독특한 로고를 만들었습니다. 그들의 회사는 엄청 빨리 발전했고, 전 세계에서 그들의 제품을 사기 시작했습니다.

[4]결과적으로 애플의 기기는 전 세계적으로 유행하기 시작했고, 가장 유명하고 가장 특색 있는 회사 중 한 곳이 되었습니다.

[5]전문가들은 애플의 제품이 왜 이렇게 빨리 알려지게 되었고, 오랜 기간 동안 세계 전자 시장에서 1위를 차지하고 있는지 항상 의문을 가집니다. 많은 사람들은 이것이 스티브 잡스 덕분에 가능하게 되었다고 말합니다. 비록 스티브 잡스는 이미 이 세상에 없지만, 아직까지 전 세계에서 그의 훌륭한 발명품들을 좋아하고 구매하고 있습니다.

1. 텍스트 내용에 어떤 제목이 어울릴까요?

(A) '스티브 잡스와 그의 회사'

(Б) '특별한 발명가, 스티브 잡스'

(В) '스티브 잡스의 불행했던 어린 시절'

정답 (Б) «Уникальный изобретатель, Стив Джобс»

2. 스티브 잡스는 _____ 기기에 능통하기 시작했습니다.

    (А) 입양부 덕분에

    (Б) 생물학적 아버지 덕분에

    (В) 선생님 덕분에

   정답 (А) благодаря приёмному отцу

3. 스티브 잡스가 처음으로 컴퓨터를 만들었을 때, 그는 _____ 원했습니다.

    (А) 개인 회사를 만들고 기기를 판매하기를

    (Б) 직장에 입사하기를

    (В) 무언가 다른 것을 만들기를

   정답 (А) создать собственную компанию и продавать технику

4. '애플'의 기기가 전 세계에서 유행한 결과로 _____ .

    (А) 스티브 잡스를 전 세계에서 최고의 발명가로 인정했습니다

    (Б) 스티브 잡스는 일을 하지 않았습니다

    (В) '애플'사는 가장 유명하고 가장 특색 있는 회사 중 한 곳이 되었습니다

   정답 (В) компания «Apple» стала одной из самых известных и уникальных

5. 많은 사람들은 스티브 잡스 덕분에 _____ 말합니다.

    (А) 사람들이 모바일 기기를 구매한다고

    (Б) '애플'의 제품이 오랫동안 시장에서 1위를 차지하고 있다고

    (В) 아름다운 모바일 기기를 볼 수 있다고

   정답 (Б) продукция «Apple» долгое время занимает первое место на рынке

💬 텍스트 분석

유리 알렉세예비치 가가린은 1934년 3월 9일 스몰렌스크 주 클루쉬노라는 시골에서 태어났습니다. [1]1941년에 미래의 우주인은 학교에 입학을 했지만, 전쟁 때문에 교육을 계속 하지는 못했습니다.

1945년에 가가린의 가족은 그좌스크 시로 이사를 했습니다. 학교를 졸업한 후에 그는 다양한 전문학교에 다녔습니다. 군 제대 후에 그는 군사비행학교에 다니기로 결심했습니다. [2]바로 군대에 있을 때 그는 날고 싶어한다는 것을 깨달았기 때문입니다. 비행은 그의 꿈이었습니다.

1954년부터 유리는 사라토프의 비행클럽에서 공부하기 시작했습니다. 1955년에 그는 'Як-18'기를 타고 자신의 첫 번째 비행을 완수했습니다.

후에 가가린은 오렌부르크 비행학교에서 공부를 계속했습니다. [3]그가 우주인 선발에 대해 알았을 때, 그는 곧바로 서류를 제출했습니다. 그에게서 모든 것이 이뤄졌고, 그는 우주인 후보 그룹에 들어가게 되었습니다. 거기에 들어가는 것은 쉽지 않았지만, 유리는 노력하는 학생이었습니다. 약 1년 후 그를 우주 비행에 적합한 사람으로 인정해 주었습니다.

1961년 4월 12일, 유리 알렉세예비치 가가린은 인류 역사상 펼쳐진 우주로의 첫 번째 비행을 완수했습니다. 모스크바에서는 우주인을 성대하게 맞이해 주었습니다(우주인에게 성대한 맞이를 만들어 주었습니다). 그는 소비에트 연방의 영웅이 되었습니다.

유리 알렉세예비치에게는 그가 엄청 사랑했던 두 명의 딸이 있었습니다. [4]비록 유리가 비행 때문에 엄청 바빴다 할지라도 그는 매 여가 시간마다 가족과 함께 시간을 보내려고 노력했습니다.

그는 단 한 번도 집에서 동물 키우는 것을 금지한 적이 없습니다. 그들의 집에는 고양이, 강아지, 앵무새, 다람쥐가 있었습니다. 작은 사슴도 얼마간 그들의 집에서 살았습니다. 아내는 유리를 엄청 사랑했고 단 한번도 그와 다툰 적이 없었습니다. 그들은 이상적인 가족이었습니다.

자신의 비행 중 한 비행에서 가가린은 가족들에게 그가 사랑하는 여자들보다 그에게 더 친숙하고 더 가까운 사람들은 없다고 말하는 내용의 편지를 썼습니다. 서로 서로를 지지해 주라고 부탁했습니다. 그의 연로한 부모님을 잊지 말라고도 부탁했습니다. 그는 자신의 죽음을 미리 느꼈습니다.

[5]1968년 3월 27일에 세계 최초의 우주인이 항공 사고로 죽었습니다. 이것은 우주 항공뿐만 아니라 전 인류에게 있어서 큰 손실이었습니다.

1. 유리 가가린은 _____ 학교에서 학업을 계속할 수 없었습니다.

(А) 병 때문에

(Б) 비행 때문에

(В) 전쟁 때문에

정답 (В) из-за войны

2. 유리 가가린이 군대에서 복무할 때, 그는 _____ 깨달았습니다.

(А) 그가 다른 도시로 이사 가고 싶어한다는 것을

(Б) 그가 공부하고 싶어한다는 것을

(В) 그가 날고 싶어한다는 것을

정답 (В) он хочет летать

3. 유리 가가린이 우주 비행을 위해 서류를 제출한 후에 _____ .

(А) 그는 곧바로 우주로 날아갔습니다

(Б) 그에게는 아무 일도 일어나지 않았습니다

(В) 그를 우주인 후보로서 선발했습니다

정답 (В) его выбрали как кандидата в космонавты

4. 유리 가가린에게는 엄청 화목한 가족이 있었습니다. 그래서 _____ .

(А) 그는 거의 평생을 자신의 딸들과 함께 살았습니다

(Б) 그는 가족과 함께 자신의 여가 시간을 보내려고 노력했습니다

(В) 그는 자주 아내와 싸웠습니다

정답 (Б) он старался проводить с семьёй своё свободное время

5. 유리 가가린은 _____ 죽었습니다.

(А) 다른 우주인들 때문에

(Б) 교통사고 때문에

(В) 항공 사고 때문에

정답 (В) из-за авиакатастрофы

💬 텍스트 분석

레프 니콜라예비치 톨스토이는 1828년 8월 28일 야스나야 폴랴나에서 태어났습니다. 작가의 가족은 부유한 귀족 집안이었습니다. [2]작가의 어머니는 일찍 돌아가셨습니다. 아버지의 사촌 형제가 아이들을 길렀습니다. 하지만 7년 후에 아버지가 돌아가셨습니다. 그래서 아이들을 고모에게 양육하도록 맡겼습니다. 톨스토이의 유년 시절은 힘들었지만, 그는 자신의 작품 속에서 인생의 이 시기에 대해 따뜻하게 이야기하고 있습니다.

레프 니콜라예비치는 집에서 교육을 받았습니다. 후에 그는 카잔 황실 대학교에 입학했습니다. 하지만 그는 성공적으로 공부를 하진 않았습니다.

[3]후에 톨스토이는 군대에서 복무를 하게 됩니다. 그때 그에게는 여가 시간이 많았습니다. 이미 그때 그는 자전적 이야기인 《유년시대》를 쓰기 시작했습니다. 이 작품에는 작가 유년 시절의 좋은 추억들이 많이 있습니다.

또한 레프 니콜라예비치는 크림 전쟁에 참전했습니다. 이 기간에 그는 《소년시대》, 《세바스토폴 이야기》 등과 같은 좋은 작품을 많이 창작했습니다. 후에 전쟁으로 인해 지쳤기 때문에 그는 파리로 떠났습니다.

[4]얼마간의 시간이 지난 후에 레프 니콜라예비치는 러시아로 돌아왔고, 소피야 베르스와 결혼을 했습니다. 그때부터 그는 아내와 함께 고향의 영지에서 살기 시작했고, 문학 창작 활동을 했습니다.

톨스토이는 소설을 쓸 때 방해받는 것을 엄청 싫어했습니다. 그래서 그는 오직 자신의 아내만 자신의 서재로 들어오는 것을 허락했습니다.

소설 《전쟁과 평화》는 그의 첫 번째 대작이 되었습니다. 작가는 이 소설을 약 10년 동안 창작했습니다. 독자들도 평론가들도 모두 소설을 좋게 받아들였습니다. [5]이후 레프 니콜라예비치는 소설 《안나 카레니나》를 집필했습니다. 이 소설은 톨스토이의 가장 유명한 작품입니다.

90년대 초반에 레프는 아프기 시작했습니다. 1910년 가을 82세의 나이로 작가의 심장이 멈췄습니다. 그를 귀족의 영지인 야스나야 폴랴나에 묻었습니다.

1. 텍스트 내용에 어떤 제목이 어울릴까요?

(А) '톨스토이와 야스나야 폴랴나'

(Б) '위대한 작가, 톨스토이'

(В) '톨스토이와 그의 유명한 작품'

정답 (Б) «Великий писатель, Л. Н. Толстой»

2. 왜 고모가 톨스토이를 길렀습니까?

　(А) 왜냐하면 톨스토이가 자신의 고모를 엄청 좋아했기 때문입니다.

　(Б) 왜냐하면 톨스토이의 부모님은 자신의 아이들을 키우는 것을 원하지 않았기 때문입니다.

　(В) 왜냐하면 톨스토이의 부모님이 일찍 돌아가셨기 때문입니다.

　정답 (В) Потому что родители Толстого рано умерли.

3. 톨스토이가 군대에서 복무했을 때, 그는 _____ 소설을 썼습니다.

　(А) 여가 시간에 대해 이야기하는

　(Б) 자신의 유년 시절의 추억들에 대해 이야기하는

　(В) 크림 전쟁에 대해 이야기하는

　정답 (Б) в котором рассказывает о воспоминаниях из своего детства

4. 톨스토이가 러시아로 돌아온 후에, _____ .

　(А) 그는 아내와 함께 귀족의 영지로 갔고 거기에서 살기 시작했습니다

　(Б) 그는 곧바로 작품을 쓰기 시작했습니다

　(В) 그는 글 쓰는 것을 원하지 않았습니다

　정답 (А) он с женой поехал в родное имение и начал жить там

5. 소설 _____ 는 톨스토이의 가장 유명한 소설입니다.

　(А) ≪전쟁과 평화≫

　(Б) ≪유년시대≫

　(В) ≪안나 카레니나≫

　정답 (В) «Анна Каренина»

💬 텍스트 분석

세르게이 바실리예비치 라흐마니노프는 1873년 3월 20일에 귀족 가문에서 태어났습니다. 미래의 작곡가는 어릴 때부터 음악에 몰입해 있었고 이미 5살에 피아노를 연주했습니다.

라흐마니노프는 유년 시절을 노브고로드에서 멀지 않은 곳에 있는 농가에서 살았습니다. 이 덕에 그는 평생 동안 가까운 사람들에게 둘러싸인 자연 속에서의 삶에 푹 빠지게 됩니다. ² 하지만 이 행복한 해들은 엄청 짧았습니다. 부모님이 이혼했고, 집을 팔아 버렸기 때문입니다.

³ 1882년에 9살이었던 라흐마니노프는 페테르부르크 음악원에 입학을 했습니다. 어린 라흐마니노프는 게을렀고 불성실했습니다. 그래서 그는 수업 시간에 태도가 매우 좋지 않았고, 물론 공부도 잘 하지 못했습니다.

하지만 그가 모스크바 음악원에서 공부하기 시작했던 1885년부터 그는 변했습니다. 라흐마니노프는 모스크바 음악원 니콜라이 즈베레브 선생님의 반에서 공부를 했습니다. 이 사람은 놀라운 사람이었습니다. 그는 자신의 모든 제자들에게 피아노 연주하는 것을 가르쳤을 뿐만 아니라 부모처럼 그들을 키워 주었습니다. 그는 자신의 모든 제자들에게 자신의 집에서 무료로 살도록 했습니다. 즈베레브는 자신의 아이들을 무척 사랑했습니다. 하지만 그 대신 그는 엄청 엄격한 선생님이었습니다. ⁴ 즈베레브 덕분에 라흐마니노프는 열심히 공부하고 자신의 시간을 계획하는 것을 배웠습니다.

라흐마니노프는 러시아에 잠깐 동안 살았습니다. 1917년 말에 라흐마니노프는 유럽 순회 공연으로 출발을 했습니다. 처음에는 스위스로, 그 후에는 덴마크로 갔고 여기에서부터 조국으로 돌아오지 않았습니다. ⁵ 비록 라흐마니노프가 해외에서 오래 살았다고 할지라도, 그는 러시아의 작곡가로서 남아 있었습니다. 이 시기의 그의 모든 작품은 러시아에 대한 생각과 러시아에 대한 기억들로 가득 차 있었습니다. 그는 조국을 엄청 그리워했습니다.

2차 세계 대전이 시작된 후, 라흐마니노프는 유럽에서 미국으로 떠났습니다. 미국에서의 활발한 공연 활동에도 불구하고, 이 시기에 그는 새로운 것을 거의 만들지 않았습니다. ⁵ 그는 많은 공연을 진행했고, 그로부터 벌어들인 수익을 러시아 군대에 전달했습니다.

라흐마니노프는 오랫동안 해외에서 살았지만, 그의 마음 속에는 조국에 대한 애정과 애국심이 남아 있었습니다. 유감스럽게도 라흐마니노프는 자신이 사랑하는 조국이 승리하기 전까지 살지 못했습니다. 그는 전쟁이 끝나기 직전에 죽었습니다. 라흐마니노프가 러시아를 사랑했고 조국에 대해 단 한번도 잊은 적이 없기 때문에 많은 사람들이 그를 위대한 러시아의 작곡가이자 애국자로 여기고 있습니다.

1. _____ (이)라는 제목이 텍스트 내용에 어울립니다.

(А) '라흐마니노프의 어린 시절에 대한 추억'

(Б) '위대한 러시아 작곡가, 라흐마니노프'

(В) '게으른 작곡가, 라흐마니노프'

정답 (Б) «Великий русский композитор, Рахманинов»

2. 라흐마니노프의 행복한 유년 시절은 일찍 끝났습니다. 왜냐하면 _____ .

    (А) 그는 시골을 싫어했기 때문입니다

    (Б) 시골에서 그에게 친한 친구가 없었기 때문입니다

    (В) 그의 부모님이 헤어졌고 그는 더 이상 시골에서 살 수 없었기 때문입니다

  정답 (В) его родители расстались и он больше не мог жить в деревне

3. 라흐마니노프가 페테르부르크 음악원에 다닐 때, _____ .

    (А) 그는 노력하지 않았습니다

    (Б) 그는 반에서 가장 노력하는 학생이었습니다

    (В) 모든 선생님이 그를 좋아했습니다

  정답 (А) он не старался

4. 엄격한 즈베레브 선생님 덕분에 라흐마니노프는 _____ .

    (А) 열심히 공부하고 미래에 대해 생각하기 시작했습니다

    (Б) 모스크바 음악원에서 공부하기 시작했습니다

    (В) 반에서 1등을 하기 시작했습니다

  정답 (А) стал усердно заниматься и думать о будущем

5. 라흐마니노프는 해외로 이민을 갔고, 고국을 엄청 그리워했습니다. 그래서 _____ .

    (А) 그는 자주 러시아로 돌아갔습니다

    (Б) 그는 러시아에서 인생의 마지막 해들을 보냈습니다

    (В) 그는 러시아에 대한 많은 작품을 썼고, 전쟁에서의 승리를 위해 러시아 군대로 돈을 보냈습니다

  정답 (В) он создавал много произведений о России и отправлял русской армии деньги для победы в войне

💬 텍스트 분석

안톤 파블로비치 체호프는 유명한 러시아 작가입니다. 그의 직업은 의사입니다. 그는 300편 이상의 작품을 창작했습니다. [1] 이 작품들은 100여 개 이상의 언어로 번역되었습니다. 오늘날 그의 희곡을 러시아에서 뿐만 아니라 해외에서도 무대에 세우곤 합니다.

[2] 체호프는 1860년 1월 17일 타간로크에 사는 상인 가정에서 태어났습니다. 어릴 때부터 형제들과 함께 그는 아버지를 도왔습니다. 그는 좋은 교육을 받았습니다. 모스크바에 있는 대학교 의대에서 공부했습니다. 공부를 하면서 그는 아르바이트도 많이 했습니다.

또한 대학교 1학년 때 그는 (글을) 쓰기 시작했습니다. [3] 그는 신문과 잡지를 위한 짧은 웃긴 이야기들을 썼습니다. 체호프는 대학교를 1884년에 졸업했습니다. 이후에는 의학 실습을 했습니다.

[4] 1892년 3월에 체호프는 '멜리호보'라는 영지를 매입했습니다. 그는 거기에 학교 3개를 지었고, 사람들을 도와주었고, 환자들을 치료했습니다. 그는 엄청 심하게 지쳤습니다.

하지만 바로 이 멜리호보에서 체호프는 자신의 가장 유명한 작품 중 하나인 희곡 '갈매기'를 썼습니다. 그는 1895년부터 희곡 '갈매기'를 쓰기 시작했습니다. 그리고 1896년 10월에 페테르부르크 알렉산드린스키 극장 무대에서 첫 번째 연극 상연이 있었습니다. 하지만 안타깝게도 희곡은 성공을 거두지 못했습니다.

'갈매기'는 사랑과 인생의 의미에 관한 희곡입니다. 갈매기의 상징은 비행과 움직임입니다. 비록 이 희곡이 '희극'으로 불릴 지라도, 이것은 완전히 즐겁지만은 않습니다. [5] 희곡에는 비극적인 순간이 많고 체호프의 개인적인 경험이 많습니다. 이 희곡은 그에게 엄청 중요한 의미를 가졌습니다. 그래서 그는 희곡이 성공을 거두지 못했다는 것을 받아들이는 것이 힘들었습니다.

희곡 '갈매기'는 1898년 모스크바 예술 극장(MXT, Московский Художественный Театр) 무대에서 어렵게 얻은 첫 번째 성공을 거둘 수 있었습니다.

---

1. 오늘날 체호프의 희곡은 _____ .

(А) 그 누구도 흥미롭게 하지 않습니다

(Б) 많은 언어로 번역되었고, 전 세계 극장 무대에 연극이 세워지고 있습니다

(В) 사람들에게 아예 알려지지 않았습니다

정답 (Б) переведены на многие языки и ставятся на сценах театров во всём мире

2. 어릴 때 어린 안톤과 그의 형제들은 _____ .

(А) 아르바이트를 많이 했습니다

(Б) 학교에서 공부를 열심히 했습니다

(В) 가게에서 자신의 아버지를 도와줬습니다

정답 (В) помогали своему отцу в магазине

3. 무엇을 위해 체호프는 웃긴 이야기를 썼나요?

(А) 신문이나 잡지에 싣기 위해서입니다.

(Б) 자신의 친구들에게 그것을 보여주기 위해서입니다.

(В) 대학을 졸업하기 위해서입니다.

정답 (А) Для того, чтобы печататься в газетах и журналах.

4.1892년에 체호프는 '멜리호보'라는 영지를 샀고, _____ .

(А) 거기서 단순히 쉬었습니다

(Б) 거기에 학교를 지었고 사람들에게 의학적인 도움을 주었습니다

(В) 거기에서 자주 아팠습니다

정답 (Б) там построил школы и оказывал людям медицинскую помощь

5. 희곡 '갈매기'가 성공을 거두지 못했을 때, 체호프는 엄청 우울했습니다. 왜냐하면 _____ .

(А) 그는 엄청 오랫동안 그 작품을 썼기 때문입니다

(Б) 그는 돈을 많이 벌고 싶었기 때문입니다

(В) 거기에는 체호프의 개인적인 경험에 대해서 써져 있었고, 그 작품이 그에게 많은 것을 의미했기 때문입니다

정답 (В) в ней написано о личных переживаниях Чехова и она много значит для него

💬 텍스트 분석

예브게니 빅토로비치 플루센코는 러시아의 피겨 선수이자, 업적이 많은 스포츠의 거장이자 세계 챔피언, 올림픽의 챔피언입니다.

예브게니는 하바롭스크 주 솔네치니라는 도시에서 1982년 11월 3일에 태어났습니다. 그가 4살이었을 때 그의 가족은 볼고그라드 시로 이사했습니다.

그곳에서는 그가 피겨 스케이팅을 시작할 수 있었던 흥미로운 사건이 발생했습니다. [2]소년은 건강이 나빴습니다. 그래서 의사들은 쮀냐에게 운동을 하라고 조언했습니다.

어느 날 그는 어머니와 함께 우연히 엄마와 함께 있는 어린 소녀를 마주쳤습니다. 소녀는 자신의 스케이트가 질렸습니다. 그래서 소녀의 엄마는 스케이트를 어린 쮀냐에게 선물하기로 정했습니다.

그는 그 선물이 엄청 마음에 들었습니다. 가장 놀라운 것은 스케이트의 치수가 이상적으로 잘 맞았다는 것입니다. 그렇게 1987년 2월, 예브게니는 피겨 스케이팅을 시작했습니다. 그가 겨우 7살 밖에 되지 않았을 때, 그는 '크리스탈 스케이트화'라고 불리는 자신의 첫 번째 상을 받았습니다.

[3]예브게니 플루센코가 11살이었을 때, 예브게니가 연습했던 볼고그라드 빙상장이 문을 닫았습니다. 연습을 이어서 하기 위해서, 그는 부모님 없이 상트페테르부르크로 이사를 갔습니다. 그곳에 있는 체육학교에서 엄격한 트레이닝을 계속했습니다. 학교를 졸업한 후에 그는 2005년에 졸업을 했던 레스가프트 체육대학교에 입학을 했습니다.

플루센코가 스포츠로 이뤄낸 첫 번째 대승은 1996년~1997년에 있었습니다. 그때 그는 세계 주니어 챔피언십에서 1등이 되었습니다. 이미 다음 시즌에서는 세계 챔피언십과 러시아 챔피언십에서 3등을 했고, 유럽 챔피언십에서 2등을 차지하였습니다.

[4]그의 일생에서 최초로 예브게니 플루센코는 2001년에 세계 챔피언이 되었습니다. 이후 그는 2003년과 2004년에 2번이나 더 챔피언이 되었습니다(결과를 반복했습니다). 피겨 선수는 5 차례나 유럽 챔피언십에서 우승했습니다. 그에게는 다수의 상, 칭호와 상금이 있었습니다. 자신의 경력 기간 동안 그는 52개의 금메달을 따냈습니다.

[5]지금 예브게니 플루센코는 피겨 스케이팅 경기에 출전하지 않습니다. 하지만 팬들은 아직까지 그를 텔레비전이나 다양한 행사에서 볼 수 있습니다. 그는 2008년에 유명 가수 디마 빌란과 함께 유로비전에 출연했습니다. 그곳에서 또 한 번 자신의 기량을 보여 주었습니다.

또한 플루센코는 활발한 사회 활동을 하고 있습니다. 러시아인들은 자신들의 스포츠 영웅을 매우 자랑스러워합니다.

1. 제목 '_____'이 텍스트 내용에 어울립니다.

   (А) '세계 피겨 챔피언'

   (Б) '예브게니 플루셴코의 이상적인 스케이트'

   (В) '예브게니 플루셴코의 상과 메달의 수'

   정답 (А) «Мировой чемпион-фигурист»

2. 예브게니는 피겨 스케이팅을 하기 시작했습니다. 왜냐하면 _____ .

   (А) 엄마가 그에게 스케이트를 타라고 강요했기 때문입니다

   (Б) 그는 스케이트 타기를 엄청 원했기 때문입니다

   (В) 어릴 때 그는 자주 컨디션이 안 좋았기 때문입니다

   정답 (В) в детстве он часто чувствовал себя плохо

3. 예브게니는 상트페테르부르크로 혼자서 이사를 가야만 했습니다. 왜냐하면 _____ .

   (А) 그곳에 매우 좋은 체육 학교가 있기 때문입니다

   (Б) 예브게니가 연습했던 장소가 문을 닫았지만, 그는 연습을 계속하고 싶어 했기 때문입니다

   (В) 단순히 그의 부모님이 그와 함께 살고 싶어하지 않았기 때문입니다

   정답 (Б) место, где тренировался Евгений, закрылось, а он хотел продолжать тренироваться

4. 예브게니는 _____ 최초로 세계 챔피언이 되었습니다.

   (А) 1996년에

   (Б) 2001년에

   (В) 2003년에

   정답 (Б) в 2001 году

5. 지금 예브게니 플루셴코는 _____ .

   (А) 자주 방송에 출연합니다

   (Б) 유로비전에 계속해서 출연하고 있습니다

   (В) 그 어디에도 출연하지 않습니다

   정답 (А) часто выступает на телевидении

💬 텍스트 분석

바실리 칸딘스키는 유명한 러시아의 화가이자 예술 이론가이자 심지어는 시인이기도 합니다. 그는 추상 예술의 창시자입니다.

바실리 칸딘스키는 모스크바에서 1866년에 태어났습니다. 그는 부유한 가정에서 태어났습니다. 아버지가 예술에 흥미가 컸던 덕분에 칸딘스키는 어린 나이부터 그림을 그리고 피아노를 연주하는 것을 배웠습니다.

[2] 하지만 칸딘스키가 예술에 대한 애정과 재능이 큼에도 불구하고, 그는 모스크바 대학 법학부에 입학을 했습니다. 그는 공부를 열심히 했고, 훌륭한 법학자가 되었습니다.

어느 날, 칸딘스키는 전시회에서 모네의 그림을 보게 됩니다. 이 그림은 그가 곧바로 화가가 되기로 결정할 정도로 그만큼 그에게 큰 인상을 가져다주었습니다.

그때 그는 30살이었습니다. 1896년에 칸딘스키는 회화를 공부하기 위해서 뮌헨으로 출발했습니다. 처음에 그는 아즈베 예술 학교에서 공부하기 시작했습니다.

[3] 이 학교에서의 공부는 그에게 엄청난 도움을 주었지만, 칸딘스키는 회화를 더 심화적으로 공부를 하고 싶어했습니다. 그래서 그는 뮌헨 예술 아카데미에 입학했습니다.

하지만 칸딘스키가 그곳에 입학하기는 매우 어려웠습니다. 왜냐하면 그때 그는 회화가 무엇인지 잘 몰랐기 때문입니다. 그는 혼자서 공부하기 시작했고, 마침내 1900년에 뮌헨 예술 아카데미에 입학을 하게 되었습니다.

몇 년이 지나고 나서 독일에서 칸딘스키의 재능을 인정해 주었고, 그는 유명한 화가가 되었습니다. [4] 처음에는 자신의 그림에 그는 아름다운 러시아 자연을 표현했습니다. 왜냐하면 그는 오랫동안 해외에서 살았고, 고국을 매우 그리워했기 때문입니다.

하지만 이후 그는 다양한 색채와 선으로써 자신의 그림을 그리기 시작했습니다. 그때 그는 음악과 철학, 현대 회화에 흥미가 있었고, 그래서 그는 멜로디를 선으로 묘사하기 위해 노력했습니다. 결과적으로 그는 선과 점만 사용해서 모든 자신의 독특한 그림을 그려 냈습니다.

칸딘스키는 추상 회화를 창조한 세계에서 유일한 화가입니다. 오늘날 추상 회화에 대한 그의 혁명적인 노력과 작품들은 모든 화가들과 관람객들에게 엄청난 인상을 가져다주고 있습니다. [5] 그래서 많은 사람들이 그를 추상주의의 아버지라 부릅니다.

1. 어떤 제목이 텍스트 내용에 어울릴까요?

(А) '예술 아카데미로 입학하려는 노력'

(Б) '칸딘스키의 부유한 어린 시절'

(В) '추상 예술의 창시자, 바실리 칸딘스키'

정답 (В) «Основоположник абстрактного искусства, Василий Кандинский»

2. 칸딘스키는 _____ 법학부에서 공부하기로 결정했습니다.

(А) 아버지가 그에게 법률가가 되라고 부탁했기 때문에

(Б) 법학자가 되고 싶었기 때문에

(В) 그가 예술을 엄청 사랑했기 때문에

정답 (Б) потому что он хотел стать учёным-юристом

3. 왜 칸딘스키는 뮌헨 예술 아카데미에 입학하기로 결심했습니까?

(А) 왜냐하면 거기에 좋은 교수들이 많았기 때문입니다.

(Б) 왜냐하면 그는 좀 더 심화적으로 회화를 공부하고 싶었기 때문입니다.

(В) 왜냐하면 그는 회화가 무엇인지 잘 몰랐기 때문입니다.

정답 (Б) Потому что он хотел ещё глубже заниматься живописью.

4. 처음에 칸딘스키는 러시아 자연을 그렸습니다. 왜냐하면 _____ .

(А) 그는 러시아 자연을 매우 선호했기 때문입니다

(Б) 그는 고국을 매우 그리워했기 때문입니다

(В) 그는 외국의 자연을 선호하지 않았기 때문입니다

정답 (Б) он очень скучал по родине

5. 칸딘스키를 _____ 부릅니다. 왜냐하면 그는 추상주의의 창시자이기 때문입니다.

(А) 뮌헨 예술 아카데미의 교수라고

(Б) 추상 예술의 아버지라고

(В) 법학자라고

정답 (Б) отцом абстрактного искусства

💬 텍스트 분석

> ¹'황금 고리'는 비싼 반지가 아니라 국내의 고대 도시 몇 개를 지나가는 유명한 관광 경로입니다.
>
> ²'러시아의 황금 고리'라는 명칭은 러시아 기자인 유리 비취코프에 의해서 1967년에 도입되었습니다. 그는 오래된 도시들을 방문하고 싶어 하는 사람들을 위한 견학 코스를 만들었습니다. '소비에트 문화'라는 신문에서 그는 모스크바 북동쪽에 위치하고 있는 8개의 크지 않은 역사적인 도시에 대해서 이야기했습니다.
>
> ³이 경로는 많은 모스크바인들의 마음에 들었고, 그 이후로 사람들은 기꺼이 황금 고리 도시 견학에 갔다 오기 시작했습니다. 황금 고리는 유명할 뿐만 아니라 가장 흥미로운 경로로도 여겨집니다. 이 도시들에서는 엄청난 수의 박물관과 역사 기념비, 건축 기념비들을 볼 수가 있습니다.
>
> 그래서 최근 수천 명의 관광객들이 이 훌륭한 도시들을 보기 위해서 러시아를 방문하고 있습니다. 물론 한 번의 여행으로 도시들을 다 보는 것은 불가능합니다.
>
> ⁴만일 황금 고리의 모든 도시들을 둘러보기 원한다면, 한 달 이상을 소비할 필요가 있습니다. 이런 이유로 대부분의 관광객들은 또다시 '황금 고리'를 방문하기 위해서 러시아를 또 한 번 방문하고는 합니다.
>
> 황금 고리 목록에는 블라디미르, 야로슬라블, 수즈달과 많은 다른 유서 깊은 도시들이 포함되어 있습니다. 그들 모두는 천 년의 역사와 독특한 명승고적을 가지고 있습니다. 또한 황금 고리 도시에는 공예 산업이나 목공 산업과 같은 전통 산업이 발전했습니다.
>
> ⁵이는 역사적 과거의 힘과 위대함을 평가하기 위해서, 문화적, 건축적 기념비를 보기 위해서, 12세기에서 18세기의 모든 가능성 있는 역사적 건물을 보기 위해서 전적으로 충분한 곳입니다.

1. '황금 고리'는 _____ .

   (А) 고대 러시아 도시들을 연결하는 관광객들을 위한 유명한 경로입니다

   (Б) 매우 비싼 반지입니다

   (В) 엄청 넓고 오래된 길입니다

   정답 (А) известный для туристов путь, который соединяет древние русские города

2. '러시아의 황금 고리'라는 명칭은 _____ 만들어졌습니다.

   (А) 러시아 기자인 유리 비취코프에 의해

   (Б) 관광객들에 의해

   (В) 신문사 '소비에트 문화'에 의해

   정답 (А) русским журналистом Юрием Бычковым

3. 많은 모스크바인들은 '황금 고리' 경로를 마음에 들어 했고, _____ .

    (А) 역사적 기념비를 볼 수 있었습니다

    (Б) 기꺼이 러시아의 가장 고대 도시들을 방문하고 있습니다

    (В) 황금 고리 도시에서 살고 싶어 합니다

    `정답` (Б) с удовольствием посещают древнейшие города России

4. 대부분의 관광객들은 '황금 고리'를 한 번 더 방문하고 싶어 합니다. 왜냐하면 _____ .

    (А) 황금 고리의 모든 도시를 한 달 만에 다 둘러볼 수 있기 때문입니다

    (Б) 한 번의 투어만으로는 황금 고리의 모든 도시를 둘러보는 것이 불가능하기 때문입니다

    (В) 단순히 황금 고리의 모든 도시들이 그들에게 엄청 마음에 들었기 때문입니다

    `정답` (Б) нельзя осмотреть все города Золотого кольца за один тур

5. 황금 고리의 모든 도시들은 아름답고, 그곳에 역사적 기념비가 많기 때문에, _____ 말할 수 있습니다.

    (А) 사람들이 그곳을 방문하기를 원하지 않는다고

    (Б) 황금 고리가 엄청 비싼 가치를 가지고 있다고

    (В) 도시들 모두가 러시아한테 있어 아주 중요한 의미를 가지고 있다고

    `정답` (В) все они имеют очень важное значение для России

💬 텍스트 분석

'세르기예프 파사드'

모스크바에서 가장 가까운 쪽에 위치한 곳이 세르기예프 파사드라는 도시입니다. [6] 모스크바에서부터 한 시간 반 만에 열차를 타고 도달할 수 있습니다. 그래서 많은 수의 사람들이 항상 그 도시를 방문하곤 합니다. 이 도시에는 유명한 수도원과 많은 교회들이 있습니다. 사람들은 가장 훌륭한 교회 단지 구역(최고의 교회 집합체)를 볼 수 있습니다. 한편, 이 도시는 크지 않기 때문에, 반나절 만에 그곳을 둘러볼 수 있습니다.

'야로슬라블'

야로슬라블은 러시아 공후인 야로슬라브 무드릐에 의해 1010년에 설립되었습니다. [7] 야로슬라브 무드릐는 이곳이 러시아한테 있어서 전략적으로 중요한 위치를 차지하고 있기 때문에 특별히 이 영토를 도시 설립을 위해 선택했습니다. 야로슬라블은 적들로부터 지키기 위해 적합한 장소가 되었습니다.

야로슬라블의 역사에는 흥미로운 전설이 있습니다. 도시에는 큰 곰이 살았고, 그는 사람들을 엄청 방해했습니다. 야로슬라브는 사랑하는 백성들을 위해 그를 죽여야만 했고, 맨손으로 곰을 죽였습니다. 이후 사람들은 그의 승리를 기념하여 도시에 곰 기념비를 세웠습니다.

[8] 지역 주민들은 자신의 도시와 그의 역사를 엄청 사랑하고 있으며, 스뱌토-베덴스키 여성 수도원과 일랴 프로로크 교회와 같은 유명한 명승고적을 반드시 방문하라고 조언합니다.

'블라디미르'

[9] 블라디미르 모노마흐에 의해 990년에 설립된 도시는 16세기까지 국내 중부 지역의 수도였습니다. 블라디미르는 '황금 고리' 목록에 기록된 두 번째 도시입니다.

오늘날 블라디미르 지역에서는 7세기 이상 나이를 먹은 교회들, 건물들, 사원들의 잔해를 볼 수 있습니다. 유명한 황금 문, 우스펜스키 사원 등을 도시의 가장 매력적인 관광지라고 부를 수 있습니다.

'코스트로마'

코스트로마는 12세기 초반부터 무역 중심지이자 경제 중심지로 알려져 있습니다. [10] 코스트로마의 거리에서는 16세기 고전 프로젝트에 따라 건설되었던 유서 깊은 건물들을 볼 수가 있습니다. 아직까지 코스트로마는 다양한 산업 분야에서 큰 역할을 수행하고 있습니다.

6. 모스크바에서 세르기예프 파사드까지는 열차를 타고 _____ 도달할 수 있습니다.

   (А) 1시간 30분 만에

   (Б) 30분 만에

   (В) 1시간 만에

   `정답` (А) за 1 час 30 минут

7. 야로슬라블의 공후는 도시 설립을 위해 장소를 골랐습니다. 왜냐하면 _____ .

   (А) 이곳은 생활하기 가장 적합한 장소이기 때문입니다

   (Б) 이곳은 곰을 죽이기 위해 매우 편리한 장소이기 때문입니다

   (В) 이곳은 적으로부터 보호하기 위해 전략적으로 중요한 장소이기 때문입니다

   `정답` (В) это стратегически важное место для защиты от врагов

8. 야로슬라블의 주민들은 자신의 도시를 엄청 사랑하고, _____ .

   (А) 그의 역사를 읽으라고 조언합니다

   (Б) 관광객들에게 유명한 역사적인 장소를 방문하라고 추천합니다

   (В) 곰을 죽이라고 조언합니다

   `정답` (Б) рекомендуют туристам посетить известные исторические места

9. 블라디미르는 예전에 _____ 였던 도시입니다.

   (А) 러시아 동부의 수도

   (Б) 모든 러시아의 수도

   (В) 러시아 중부의 수도

   `정답` (В) столицей центральной России

10. 코스트로마 시의 거리에서는 _____ 볼 수 있습니다.

   (А) 그 당시 계획에 따라 건설됐던 유서 깊은 건물들을

   (Б) 유서 깊은 상점들을

   (В) 유서 깊은 경제 중심지들을

   `정답` (А) старинные здания, построенные по проектам того времени

💬 **텍스트 분석**

국립 트레티야코프 미술관은 1856년 상인인 파벨 트레티야코프에 의해 지어진 모스크바의 예술 박물관입니다. [1] 여기에서는 러시아 화가뿐만 아니라 외국 화가들의 그림을 볼 수 있습니다. 그래서 수천 명의 사람들이 이곳에 수집되어 있는 최고 화가들의 그림을 보기 위해서 매일 모스크바로 오곤 합니다.

이 미술관에 전시되어 있는 그림들을 파벨 트레티야코프가 직접 모았다는 점이 흥미롭습니다. 파벨 트레티야코프는 그림을 40년 이상 수집했습니다. 그는 가장 많은 수의 러시아 회화 작품을 수집했고, 뛰어난 동시대인들의 초상화를 모두 수집했습니다.

[2] 파벨 트레티야코프에게 있어 사랑하는 도시인 모스크바에 최초의 국립 미술관을 설립하는 것은 평생의 숙원이 되었습니다. 그의 업적 덕분에 우리는 전 세계의 유명한 예술 작품들을 만나볼 수 있습니다.

파벨 미하일로비치 트레티야코프는 1832년 12월 27일에 모스크바 시에서 태어났습니다. 그의 부모는 상인이었습니다. [3] 어린 시절에 파벨 미하일로비치는 자주 자신의 아버지를 일터에서 도왔습니다. 그와 남동생 세르게이는 항상 함께 시간을 보냈습니다. 그들을 서로 서로를 엄청 좋아했습니다. 어릴 때부터 그들은 함께 일했고, 후에 함께 유명한 그림 갤러리를 만들기로 결심했습니다.

[4] 파벨 트레티야코프는 20살 때 상트페테르부르크에 있는 에르미타주를 방문하고 나서 위대한 예술에 대한 흥미를 가졌습니다. 바로 그때 그에게 개인 소유의 회화 컬렉션을 모으고 싶다는 생각이 생겼습니다.

트레티야코프는 그가 24살이었던 1856년에 자신의 수집품을 모으기 시작했습니다. 그는 회화를 엄청 사랑했고 유명한 화가들과 친하게 지냈으며, 자신의 컬렉션을 위한 최고의 그림을 사기 위해서 그들의 전시회에 다녀오곤 했습니다.

[5] 트레티야코프는 계속해서 첫 번째로 러시아 화가들과 외국 화가들의 최고의 그림을 구매했습니다. 그래서 다른 사람들, 심지어 황제조차도 그림을 살 수가 없었습니다. 그는 그때 러시아의 다른 미술관에 전시됐던 거의 모든 그림들을 샀습니다. 파벨 트레티야코프 집에 있었던 그림 수집품은 점점 더 늘어나기 시작했습니다.

1. 트레티야코프 미술관에서는 _____ 볼 수 있습니다.

(А) 외국 화가들의 작품만

(Б) 러시아와 외국 화가들 작품 모두를

(В) 러시아 화가들의 작품만

정답 (Б) произведения и русских, и иностранных художников

2. _____ 트레티야코프 평생의 숙원이 되었습니다.

   (А) 모스크바에 국립 미술관을 만드는 것은

   (Б) 예술 작품을 만드는 것은

   (В) 그림을 수집하는 것은

   정답 (А) создание государственной художественной галереи в Москве

3. 어릴 때부터 트레티야코프 형제는 _____ .

   (А) 열심히 공부했습니다

   (Б) 자주 가족의 사업에 도움을 주었습니다

   (В) 그림 갤러리를 만들었습니다

   정답 (Б) часто оказывали помощь в семейном деле

4. 파벨 트레티야코프가 에르미타주를 방문했을 때, 그에게는 _____ 생각이 생겼습니다.

   (А) 유명한 화가들과 알고 지내고 싶다는

   (Б) 그림을 그리고 싶다는

   (В) 최고의 그림들을 수집하고 싶다는

   정답 (В) коллекционировать лучшие картины

5. 파벨 트레티야코프가 첫 번째로 최고의 그림들을 산 것 때문에, _____ .

   (А) 사람들은 미술관에서 평온하게 그림들을 볼 수 있었습니다

   (Б) 심지어 러시아 황제도 그림들을 살 수 없었습니다

   (В) 그의 수집품이 더 줄어들기 시작했습니다

   정답 (Б) даже русский царь не успевал купить их

읽기 영역 14

💬 텍스트 분석

> ⁶ 1869년부터 뛰어난 사람들과 소통하면서 트레티야코프는 그들의 초상화 컬렉션을 모으기 시작했습니다. 그는 특별히 화가들에게 동시대인들의 초상화를 주문했고, 후에 그것을 구매했습니다. 물론 이는 힘들었지만, 재능 있는 화가들은 훌륭하게 그들을 자신의 캔버스에 그려낼 수 있었습니다. 그들 덕분에 트레티야코프는 동시대인들의 최고의 초상화를 수집할 수 있었습니다.
>
> ⁷ 그때 트레티야코프의 집에는 방, 복도, 심지어는 서재에도 곳곳에 그림들이 걸려 있었습니다. 그래서 파벨 미하일로비치는 자신의 집 옆에 자신의 컬렉션을 위한 아름다운 신축 건물을 짓기로 결심했습니다.
>
> 1874년에 신축 건물의 건설이 끝났습니다. 트레티야코프는 이 신축 건물이 모스크바의 최고의 미술관이 되기를 바랐습니다. 그는 직접 자신의 그림을 그곳으로 옮기기 시작했습니다.
>
> ⁸ 파벨 트레티야코프는 자신의 고향 도시인 모스크바를 매우 사랑했습니다. 그래서 함께 그림을 수집했던 남동생의 죽음 이후, 그는 모스크바 시에 자신의 미술관을 모스크바에 주고 싶다는 내용의 요청서를 썼습니다. 또한 사랑하는 남동생을 기억하기 위해 미술관이 그들의 이름을 차용하기를 부탁했습니다.
>
> 1892년에 그는 모스크바 시에 이 건물과 자신의 방대한 수집품을 선물로 전달했습니다. 그의 컬렉션에는 그림이 1287개, 스케치가 518개, 조각상이 9개가 있었습니다.
>
> 1893년 8월에 파벨과 세르게이 트레티야코프 형제의 시립 미술관이 개관했습니다. ⁹ 성대한 개관일에는 약 700명의 사람들이 미술관을 방문했습니다. 심지어 알렉산드르 3세가 직접 트레티야코프의 그림 미술관을 보기 위해서 왕족들과 함께 모스크바로 왔습니다. 알렉산드르 3세는 수집가에게 악수를 청했고, 모스크바에 행한 선물에 대해 그에게 감사를 표했습니다.
>
> ¹⁰ 지금 국립 트레티야코프 미술관은 러시아에서 가장 사랑받고, 가장 방문을 많이 하는 박물관 중 하나입니다. 한 위대한 수집가의 공헌 덕분에 우리는 전 세계의 가장 독특하고도 가장 가치 있는 예술 작품들을 만나볼 수 있습니다.

6. 트레티야코프가 유명인들과 소통하기 시작한 후에, 그는 _____ 원했습니다.

   (А) 그들의 초상화를 수집하기를

   (Б) 그들의 초상화를 그리기를

   (В) 그들과 함께 일하기를

   정답 (А) собирать их портреты

7. 왜 트레티야코프는 건물을 짓기로 결심했습니까?

(А) 그의 집에는 곳곳에 그림들이 걸려 있었습니다.

(Б) 그의 집은 매우 오래됐습니다.

(В) 그는 집을 좋아하지 않았습니다.

정답 (А) В его доме везде висели картины.

8. 트레티야코프는 모스크바에 자신의 미술관을 기증하고 싶어했습니다. 왜냐하면 _____ .

(А) 모스크바는 러시아의 수도이기 때문입니다

(Б) 그는 자신의 고향 도시를 매우 사랑했기 때문입니다

(В) 그에게 황제가 그렇게 명령했기 때문입니다

정답 (Б) он очень любил свой родной город

9. 트레티야코프 미술관 개관일에는 _____ 방문했습니다.

(А) 러시아의 가장 뛰어난 사람이

(Б) 러시아의 가장 유명한 화가가

(В) 알렉산드르 3세가

정답 (В) Александр III

10. 지금 트레티야코프 미술관은 _____ 되었습니다.

(А) 아이들이 자주 방문하는 장소가

(Б) 사람들이 드물게 방문하는 장소가

(В) 사람들이 기꺼이 방문하는 장소가

정답 (В) местом, которое люди с удовольствием посещают

💬 텍스트 분석

모두가 바이칼 호수를 알고 있습니다. 그 호수는 동시베리아에 위치하고 있습니다. 바이칼은 생긴지 2500만 년이 되었습니다. 이는 지구에서 가장 깊은 호수이며, 가장 거대한 민물 호수의 천연 수원지입니다.

[1] 러시아에서 지역 주민들과 많은 사람들은 전통적으로 바이칼을 바다라고 불러왔습니다. 이 호수에는 매년 전 세계에서 백만 명 이상의 관광객들이 옵니다. 괜히 이 호수가 러시아의 7대 기적에 포함되는 것이 아닙니다.

바이칼은 이르쿠츠크 주와 부랴티야 공화국 경계에 위치하고 있습니다. 호수는 매우 큽니다. 바이칼의 너비는 80km이고, 깊이는 1642m입니다. [2] 호수 물은 깨끗하고 투명해서, 깊은 곳에 있는 바위도 볼 수 있습니다.

이는 보통 호수물이 파란색을 띄는 봄에 주로 일어납니다. 바이칼에는 22개의 섬이 있습니다. [3] 가장 유명한 것이 태양의 섬, 알혼입니다. 그곳은 1년에 300일 이상 햇빛이 비칩니다.

[4] 호수 부지에는 독특한 동식물들이 있습니다. 많은 동물들이 희귀종입니다. 바이칼에는 오물, 돛새치 등과 같은 물고기가 50여 종이 있습니다. 바이칼 근처에는 200여 종의 새(오리, 왜가리, 도요새)가 살고 있습니다.

[5] 하지만 이 호수에 바이칼 바다표범(물범)이 살고 있다는 것은 흥미로운 사실입니다. 바다표범은 바이칼의 상징입니다. 이는 민물에 사는 세계에서 유일한 바다표범입니다. 바이칼 바다표범의 무게는 거의 130kg입니다. 건조한 곳에서 그들은 무방비한 존재입니다.

바이칼을 둘러싸고 있는 타이가는 희귀 나무로 알려져 있습니다. 여기에서 1000종 이상의 식물을 만날 수 있습니다. 이들 중 많은 수가 빨간 책(멸종 위기의 동식물을 기재해 놓은 책)에 등록되어 있습니다. 또한 호수 근처에는 러시아 최초의 보호 구역인 바르구진스크 보호 구역이 있습니다.

---

1. 지역 주민들은 바이칼을 _____ 부릅니다.

(А) 가장 큰 수원지라고

(Б) 가장 깊은 호수라고

(В) 호수가 아니라, 바다라고

정답 (В) не озером, а морем

2. 바이칼에서는 돌을 볼 수가 있습니다. 왜냐하면 _____ .

(А) 호수물이 엄청 깨끗하고 투명하기 때문입니다

(Б) 호수가 엄청 깊기 때문입니다

(В) 거기에 태양의 섬, 알혼이 있기 때문입니다

정답 (А) вода в озере очень чистая и прозрачная

3. 왜 알혼 섬이 '태양의 섬'이라고 불립니까?

    (А) 왜냐하면 봄에 엄청 눈부시기 때문입니다.

    (Б) 왜냐하면 거의 1년 내내 햇빛이 비치기 때문입니다.

    (В) 왜냐하면 그곳은 보통 햇빛이 없기 때문입니다.

정답 (Б) Потому что там почти весь год светит солнце.

4. 바이칼에는 _____ 독특한 식물과 동물이 있습니다.

    (А) 러시아에만 존재하는

    (Б) 전 세계에서 볼 수 있는

    (В) 호수 부지 내에만 존재하는

정답 (В) которые существуют только на территории озера

5. 바이칼에는 _____ (이)라고 불리는 희귀 동물이 있습니다.

    (А) 바다표범

    (Б) 도요새

    (В) 오물

정답 (А) Нерпа

💬 텍스트 분석

> 바이칼은 수수께끼의 섬입니다. [6]학자들은 아직까지 어떻게 북쪽 바다에서 사는 물고기가 바이칼에 있는 지 알지 못합니다. 또한 바이칼에는 다른 호수나 바다에서는 사라진 물고기와 식물들이 보존되어 있습니다.
>
> 하지만 바이칼이 수수께끼의 호수인 것만은 아닙니다. 이곳은 우리 지구의 가장 아름다운 호수 중 하나입 니다. 바로 그렇기 때문에 이 아름다운 호수에 대한 다양한 전설들이 있습니다(다양한 전설들이 이 아름다운 호수 에 대해 이야기하고 있습니다).
>
> [7]그중 바이칼 호수에 살고 있는 용과 관련된 매우 흥미로운 전설이 있습니다. 옛날 옛적에 바이칼 깊은 곳 에 무서운 불을 뿜는 용이 살고 있다는 소문이 돌았습니다. [7]그는 주변의 모든 생명체를 통치하고 심지어는 자연의 변화도 관리할 수 있었습니다.
>
> 어느 날 하늘에서 큰 별들이 떨어져 내렸고, 바이칼은 위협에 놓이게 되었습니다. 바이칼은 한순간에 사라 질 수도 있었습니다. 그때 용이 꼬리로 별을 쳤습니다.
>
> 전설에서는 그가 첫 번째로 자신의 힘 있는 꼬리로 별을 쳤을 때, 뾰족한 절벽들이 갈라졌다고 전해져 오고 있습니다. 두 번째에는 얼음이 녹았고 바이칼 물이 투명해지고 깨끗해졌습니다. [8]세 번째에는 푸른 숲과 지금 까지 살고 있는 살아 있는 존재들이 나타났습니다.
>
> 이 전설 외에도 다른 많은 전설 또한 존재하고 있고, 그래서 우리는 바이칼에 대한 흥미로운 점을 많이 알 수 있습니다. 이것이 많은 관광객들이 이 신비로운 호수를 방문하는 또 하나의 이유입니다.
>
> [9]하지만 인간의 활동과 관광객들이 환경에 엄청난 피해를 입히고 있습니다. 울란우데라는 도시가 바이칼 에 특히 큰 영향을 끼치고 있습니다. 그 도시의 공장들이 호수를 심각하게 오염시키고 있습니다. 매년 인구 수가 증가하고 있습니다. 매년 바이칼로 점점 더 많은 관광객들이 오고 있습니다.
>
> [10]현재 바이칼 호수를 소중히 해야 할 필요가 있습니다. 사람들은 호수를 오염시키는 것을 중단해야만 합 니다. 우리는 특별한 호수, 바이칼의 보호를 걱정해야만 합니다.

6. 왜 바이칼 호수가 수수께끼의 호수라고 불립니까?

(А) 왜냐하면 많은 학자들이 그렇게 얘기하고 있기 때문입니다.

(Б) 왜냐하면 바이칼에는 이미 지구에 없는 살아있는 생명체들이 보존되어 있기 때문입니다.

(В) 왜냐하면 바이칼에는 모든 살아있는 생명체가 사라졌기 때문입니다.

정답 (Б) Потому что в Байкале сохранились живые существа, которых уже нет на планете.

7. 흥미로운 한 전설에서 _____ 말하고 있습니다.

   (А) 바이칼은 지금 위협 하에 놓여있다고

   (Б) 바이칼 깊은 곳에서만 살고 있는 희귀 식물에 대해서

   (В) 자연과 모든 동물을 관장하는 용에 대해서

   정답 (В) о драконе, который управляет природой и всеми животными

8. 용이 꼬리로 별을 세 번째로 내리쳤을 때, 어떤 일이 생겼습니까?

   (А) 호수 주변의 절벽들에 금이 갔습니다.

   (Б) 호수에 푸른 숲과 동물들이 생겼습니다.

   (В) 호수물이 투명해지고 깨끗해졌습니다.

   정답 (Б) На озере появились зелёные леса и животные.

9. 바이칼 주변의 환경은 위협 하에 놓여 있습니다. 왜냐하면 _____ .

   (А) 적은 관광객들이 바이칼을 방문하기 때문입니다

   (Б) 인간의 다양한 활동이 호수를 오염시키기 때문입니다

   (В) 매년 인구 수가 줄어들고 있기 때문입니다

   정답 (Б) различная деятельность человека загрязняет озеро

10. 사람들은 _____ 환경에 피해를 끼치는 것을 중단해야만 합니다.

   (А) 바이칼 보호에 대해 염려해야만 하고

   (Б) 바이칼을 위해 아무 것도 하지 않아야만 하고

   (В) 호수를 오염시켜야만 하고

   정답 (А) позаботиться об охране Байкала

● 텍스트 분석

　　상트페테르부르크는 놀랍고 신비스러운 도시입니다. 세계에는 그와 비슷한 도시들이 적습니다. [1] 왜 표트르 1세는 바로 이 장소에 신도시를 건설하기로 결정했을까요? 이 땅은 항상 숲과 꿀이 풍부했으며, 또한 훌륭한 네바 강에 위치하고 있기 때문입니다. 이곳은 푸시킨이 그 언젠가 말했던 것처럼 '유럽으로 향하는 창'이었습니다.

　　네바 강을 따라 배를 타고 항해할 때, 표트르는 기꺼이 강변을 둘러보았습니다. 그는 풍경이 매우 마음에 들었습니다. 그래서 그는 이곳이 러시아의 새로운 수도를 위한 이상적인 장소라고 정했습니다. [2] 표트르는 모스크바를 좋아하지 않았습니다. 그에겐 이 도시와 관련된 나쁜 기억이 많았습니다.

　　도시는 바다에 가까운 네바 강에 서 있었습니다. 그래서 암스테르담이나 베네치아를 연상시켰습니다. [3] 표트르는 유럽 최고의 건축가들을 초빙했습니다. 도시는 그들의 프로젝트에 따라 건설되었습니다. 새 수도는 그들 덕분에 엄청 아름답게 되었습니다. 그래서 지금 페테르부르크에서 우리는 이 웅장한 도시를 만들었던 건축가들의 동상을 볼 수 있습니다.

　　도시는 빨리 성장했고 발전했습니다. 1712년에 페테르부르크로 표트르 1세가 직접 이사했습니다. 이 순간부터 이 도시를 러시아의 수도로 여기기 시작했습니다.

　　페테르부르크는 42개의 섬 위에 위치하고 있습니다. 도시에는 65개의 강과 운하가 있고, 300개 이상의 다리가 있습니다. [4] 페테르부르크의 주된 특징은 백야입니다. 6월 11일부터 7월 2일까지 도시에서는 밤에도 낮처럼 거의 밝습니다. 백야 때 강변을 따라 걷는 것은 매우 좋습니다. 그래서 페테르부르크에는 항상 많은 관광객이 있습니다.

　　페테르부르크는 대비의 도시(대비가 명확한 아름다운 도시)이자, 러시아 문학의 주인공 중 하나입니다. [5] 그에 대해서 푸시킨과 도스토옙스키 등 유명한 작가들이 글을 썼습니다.

　　[5] 그들의 작품 덕분에 우리는 예전에 사람들이 페테르부르크에서 어떻게 살았는지를 알 수 있습니다. 이 위대한 도시는 살면서 단 한 번이라도 방문할 가치가 있습니다.

---

1. 표트르 1세는 _____ 땅에 새 도시를 건설하기로 결정했습니다.

　(A) 숲과 꿀이 많은

　(Б) 비밀이 많은

　(В) 강기슭이 많은

　정답 (A) много лесов и мёда

2. 표트르 1세는 모스크바를 좋아하지 않았습니다. 왜냐하면 _____ .

(А) 이곳은 수도를 하기엔 이상적인 장소가 아니었기 때문입니다

(Б) 그에겐 단지 모스크바가 마음에 들지 않았기 때문입니다

(В) 모스크바에서 그에게 불쾌한 사건들이 많이 발생했기 때문입니다

정답 (В) у него в Москве произошло много неприятных событий

3. 표트르 1세는 유럽 최고의 건축가들을 초대했고, 그들은 _____ .

(А) 신도시를 발전시켰습니다

(Б) 새 수도를 계획하고 만들었습니다

(В) 그들을 닮은 동상을 세웠습니다

정답 (Б) спланировали и создали новую столицу

4. '백야'란 무엇입니까?

(А) 1년 내내 도시에서 밤이 낮처럼 똑같이 밝은 것을 의미합니다.

(Б) 여름에 도시에서 밤이 낮처럼 똑같이 밝은 것을 의미합니다.

(В) 겨울에 도시에서 밤이 낮처럼 똑같이 밝은 것을 의미합니다.

정답 (Б) Летом ночью в городе почти так же светло, как днём.

5. 우리는 예전에 페테르부르크에서 어떻게 살았는지를 알 수 있습니다. 왜냐하면 _____ .

(А) 많은 작가들이 이에 대해서 썼기 때문입니다

(Б) 이 도시가 위대하기 때문입니다

(В) 많은 관광객들이 단 한 번일지라도 이 도시를 방문하고 있기 때문입니다

정답 (А) многие писатели писали об этом

💬 텍스트 분석

> 페테르부르크에는 명승고적이 엄청 많습니다. [6]페테르부르크 최초의 박물관인 쿤스트카메라는 러시아 최초의 박물관이기도 합니다. 거기에서는 희귀한 동전과 무기, 암석, 책들과 다른 물건들을 볼 수 있습니다.
>
> [7]청동 기마상은 표트르 1세 기념비입니다. 이는 페테르부르크의 상징이 되었습니다. 팔코네라는 조각가가 1782년 그것을 만들었습니다.
>
> 이삭 성당, 겨울 궁전, 카잔 성당, 피의 사원. 이 명승고적들 각각에 대해서도 오랫동안 이야기할 수 있습니다. 수백 권의 책들이 이에 대해 쓰여졌습니다.
>
> [8]국립 박물관인 에르미타주는 전 세계에서 가장 큰 박물관 중 하나입니다. 그곳의 방대한 작품은 다섯 개의 궁전에 보관되고 있습니다. 그들 중 메인 건물은 겨울 궁전입니다. 1762년 러시아 황제들을 위해 이 궁전을 지었습니다. 예카테리나 대제는 그곳에 러시아와 전 세계 최고의 예술 작품들을 수집하기 시작했습니다.
>
> 예전 궁전에는 황족들이 살았고, 무도회를 위한 홀들이 있었습니다. 또한 궁전 부지에는 정원과 두 개의 교회가 있었습니다. 하지만 지금 이 모든 것은 에르미타주 박물관에 기증되었습니다. 여러분은 이 박물관에서 2백만 점 이상의 그림, 동상, 수정, 금, 은, 유색 광물로 만든 세공품들을 볼 수 있습니다. 에르미타주는 잊을 수 없는 인상을 가져다주는 곳입니다.
>
> 페테르부르크의 정원과 궁전들도 훌륭합니다. 그중 가장 오래되고 가장 유명한 곳이 여름 정원입니다. [9]표트르 1세는 미래의 정원을 위한 장소를 직접 골랐고, 직접 첫 번째 식물을 심었습니다.
>
> 페테르부르크의 메인 거리는 넵스키 대로입니다. 거리는 항상 넓고 길었습니다. 예카테리나 대제 덕분에 이곳은 도시에서 가장 아름답고 유명한 거리로 바뀌었습니다. [10]이 길에는 훌륭한 건물과 궁전, 교회, 상점들이 지어졌습니다.

6. 희귀한 동전, 무기, 다른 유서 깊은 물건들은 _____ 있습니다.

(А) 이삭 성당에

(Б) 페테르부르크 최초의 박물관에

(В) 카잔 성당에

정답 (Б) в первом музее Петербурга

7. 청동 기마상은 _____ 입니다.

(А) 예카테리나 대제의 기념비

(Б) 표트르 1세의 기념비

(В) 위대한 작품

정답 (Б) памятник Петру Первому

8. 예전에 에르미타주는 _____ (이)였고, 그곳에는 황제의 가족이 살았습니다.

   (А) 박물관

   (Б) 교회

   (В) 궁전

   정답 (В) дворцом

9. 표트르 1세는 여름 정원을 위해 무엇을 했나요?

   (А) 그는 여름 정원을 직접 지었습니다.

   (Б) 그는 정원을 위한 장소를 직접 선택했고 직접 나무를 심었습니다.

   (В) 그는 직접 훌륭한 궁전을 지었습니다.

   정답 (Б) Он сам выбрал место для него и сам посадил деревья.

10. 넵스키 대로에서 사람들은 _____ 있습니다.

   (А) 훌륭한 건물과 상점들을 건설할 수

   (Б) 훌륭한 건물들을 보고 상점에서 다양한 물건을 살 수

   (В) 그곳을 가장 아름답고 흥미로운 대로로 바꿀 수

   정답 (Б) увидеть прекрасные здания и купить разные вещи в торговых рядах

💬 텍스트 분석

> 자신의 영지에서 가브릴라 가브릴로비치는 아내와 딸인 마샤와 함께 살았습니다. 그는 손님 접대를 좋아해서, 그의 집에는 자주 손님들이 오곤 했고 몇몇은 마리야 가브릴로브나 때문에 오곤 했습니다.
>
> 17살짜리 소녀, 마리야 가브릴로브나는 엄청 귀엽고 매력적이었습니다. 그녀는 프랑스 소설 읽는 것을 엄청 좋아했습니다. [2] 그녀는 그녀의 인생에도 엄청난 사랑과 소설에서 등장하는 것과 같은 행복하게 끝나게 될 시련들이 있을 것이라 꿈꿨습니다.
>
> 그녀는 가난한 아르메니아 장교인 블라디미르를 사랑했습니다. 그 또한 마샤를 사랑했지만, [1] 그녀의 부모님은 그들의 결혼을 반대했습니다. 왜냐하면 그들의 딸이 부유한 사람에게 시집가기를 원했기 때문입니다.
>
> 비록 마리야의 부모님이 허락을 해 주지 않았지만 젊은이들은 계속해서 모두를 피해 몰래 만나왔습니다. [3] 그들은 서로가 서로 없이는 살 수 없다는 것을 알았고, 부모님의 허락 없이 먼저 결혼하기로 결심했습니다. 그 다음에 그들은 딸을 매우 사랑하는, 그래서 당연히 그들을 용서해 줄 부모님께 돌아가겠다고 생각했습니다.
>
> 마리야 가브릴로브나가 집에서 도망쳐서 블라디미르와 결혼식을 하기로 한 그 날에, 길에는 무시무시한 눈보라가 불었습니다.
>
> 하지만 마리야 가브릴로브나는 제 시간에 교회에 도착했습니다. [4] 블라디미르는 이미 거기서 그녀를 기다리고 있어야만 했지만, 그는 그곳에 없었습니다. 어둠 속에서, 눈보라 속에 블라디미르는 길을 잃었습니다. 마리야 가브릴로브나는 거의 밤새 교회에서 그를 기다렸습니다. 아침에 그녀는 집으로 돌아왔습니다. 누구도 이 이야기에 대해서 아무 것도 알지 못했습니다.
>
> 그날 저녁, 마리야 가브릴로브나는 심하게 아팠습니다. 그녀는 잠결에 이야기를 했고 그녀의 부모님은 모든 것을 알게 되었습니다.
>
> 마침내 그들은 딸의 선택에 동의를 했습니다. 마리야의 부모는 기쁘게 블라디미르에게 결혼 승낙에 대해서 알렸지만, 안타깝게도 그는 전쟁터로 떠났습니다. [5] 불쌍한 마리야 가브릴로브나는 2주 후에 회복을 했고, 블라디미르가 군대로 떠나 몇 달 후에 죽었다는 것을 알게 되었습니다.

1. 젊은 아가씨의 부모는 블라디미르와의 결혼을 반대했습니다. 왜냐하면 _____ .

(А) 단지 그가 그들의 마음에 들지 않았기 때문입니다

(Б) 그가 매우 가난했기 때문입니다

(В) 그가 아르메니아인이었기 때문입니다

정답 (Б) он был очень бедный

2. 마리야는 _____ 믿었습니다.

(А) 그녀가 소설처럼 살 것이며, 모든 여주인공들처럼 행복해질 거라고

(Б) 그녀가 블라디미르에게 시집을 갈 거라고

(В) 그녀가 귀엽고 매력적이게 될 거라고

정답 (А) она будет жить как в романах и станет счастливой, как все героини

3. 마리야의 부모가 결혼하는 것을 허락하지 않았음에도 불구하고 젊은이들은 _____ .

(А) 집에서 도망치고 싶어했습니다

(Б) 비밀스럽게 결혼하기로 결심했습니다

(В) 부모님을 설득하고 싶어했습니다

정답 (Б) решили тайно пожениться

4. 결혼식 날에 블라디미르에게 무슨 일이 생겼나요?

(А) 그에게 새로운 여자가 생겼고, 그들은 도망쳤습니다.

(Б) 그는 교회에 제 시간에 도착할 수 있었습니다.

(В) 그는 눈보라 때문에 길을 잃었고 나타나지 않았습니다.

정답 (В) Он потерял дорогу из-за метели и не появился.

5. 마리야가 회복한 후에 그녀는 _____ 알게 되었습니다.

(А) 자신의 결혼에 대해서

(Б) 부모의 허락에 대해서

(В) 자신이 사랑하는 남자친구의 죽음에 대해서

정답 (В) о смерти своего любимого парня

💬 텍스트 분석

3년이 흘렀습니다. 마리야 가브릴로브나의 아버지가 돌아가셨고, 그녀는 어머니와 살게 되었습니다. [6]부유하고 귀여운 마리야 가브릴로브나에게는 구혼자가 많았지만, 그녀는 그 누구에게도 기대를 주지 않았습니다. 그녀는 계속해서 전쟁터에서 죽은 자신의 불쌍한 연인에 대해서 생각했습니다.

어느 날, 마리야 가브릴로브나의 집에 젊고 잘생긴 장교, 부르민이 나타났습니다. 그는 아가씨의 마음에 들었고, 그녀 또한 그의 마음에 들었습니다. [7]그들은 함께 산책하고, 이야기를 나누었지만, 부르민은 자신의 감정에 대해 아무 말도 하지 않았습니다. 마리야 가브릴로브나는 기다렸고, 그녀의 어머니도 기다렸지만, 부르민은 침묵했습니다.

그리고 마침내 설명을 해 주었습니다(설명이 발생했습니다).

"나는 당신을 사랑합니다." 부르민이 말했습니다. "하지만 나는 당신에게 무시무시한 비밀을 폭로할 필요가 있어요. 착하고 귀여운 마리야 가브릴로브나 씨, 나는 당신이 내 아내가 됐으면 한다는 것을 알고 느끼고 있습니다. [8]하지만 나는 불행한 사람입니다. 나는 결혼했습니다. 나는 이미 결혼한 지 4년째이지만, 내 아내가 누구이고 어디에 있는지 모릅니다. 또한 언제 그녀를 볼 수 있을지도 모릅니다!"

"무슨 말씀인가요" – 마리야 가브릴로브나가 소리쳤습니다. "정말 이상하네요! 계속해 보세요. 나도 이후에 나에 대해서 이야기할게요. 계속하세요."

"1812년 초반이었어요" 부르민이 말했습니다. "나는 우리 부대가 있는 빌나로 서둘러 가고 있었습니다. 갑자기 무시무시한 눈보라가 시작되었어요. 하지만 나는 출발했죠. 눈보라는 계속되었습니다. [9]눈보라 속에서 나는 길을 잃었고, 모르는 시골 마을에 도착했습니다. 시골에 있는 교회는 문이 열려 있었어요. '여기로! 여기로 와요!'라고 몇 사람이 소리쳤습니다.

'너는 어디에 이렇게 오래 있었니?'라고 누군가가 나에게 말했습니다. '신부님이 무엇을 해야 할지 모르고 있어. 서둘러!' [9]나는 교회로 들어갔습니다. 거의 아무것도 안 보일 정도로 그곳은 어두웠습니다. 나에게 신부님이 다가왔습니다. '시작해도 될까요?' 그가 물었습니다. 나는 '시작하세요'라고 답변했고, 아가씨 옆에 섰습니다. 우리를 결혼시켰습니다.

'키스하세요.' 우리에게 말했습니다. 그리고 여기서 아가씨가 나를 처음 봤습니다. 나는 그녀에게 키스를 하고 싶었습니다. 그녀가 소리쳤습니다. '어머, 그 사람이 아니에요! 그 사람이 아니라고요!' 그리고 기절을 했습니다. 모두가 놀라서 나를 쳐다봤습니다. 나는 교회에서 나왔습니다."

"맙소사!" 마리야 가브릴로브나가 소리쳤습니다. "그래서 당신은 당신의 불쌍한 아내가 어떻게 됐는지 모르시나요?"

"모릅니다." 부르민이 대답했습니다. "결혼식을 올린 시골이 어떻게 불리는 지도 모르고, 어떤 역에서부터 출발했는지도 기억나지 않습니다. 나는 그 아가씨를 찾을 거라는 기대조차도 가지고 있지 않습니다."

[10]"맙소사!" 마리야 가브릴로브나가 말했습니다. "그 사람이 당신이었군요! 당신은 나를 못 알아보시겠나요?"

부르민은 창백해졌습니다. 그리고 그녀의 다리로 뛰어들었습니다.

6. 마리야는 구혼자 중 그 누구에게도 기대를 주지 않았습니다. 왜냐하면 _____ .

    (А) 그 누구도 그녀의 마음에 들지 않았기 때문입니다

    (Б) 그녀는 매우 부유하고 귀여웠기 때문입니다

    (В) 그녀는 블라디미르를 잊을 수 없었기 때문입니다

    정답 (В) она не могла забыть Владимира

7. 마리야와 부르민은 서로를 마음에 들어 했지만, 마리야는 엄청 불안했습니다. 왜냐하면 _____ .

    (А) 부르민은 매우 나쁜 사람이기 때문입니다

    (Б) 부르민은 그녀에게 자신의 감정에 대해 아무 말도 하지 않았기 때문입니다

    (В) 부르민에게는 다른 사랑하는 여자가 있었기 때문입니다

    정답 (Б) Бурмин ничего не говорил ей о своём чувстве

8. 부르민은 그가 불행한 사람이라고 생각했습니다. 왜냐하면 _____ .

    (А) 그는 자신 외에는 그 누구도 사랑할 수 없었기 때문입니다

    (Б) 마리야가 그를 사랑하지 않기 때문입니다

    (В) 그는 이미 모르는 여자와 결혼을 했기 때문입니다

    정답 (В) он уже женат на незнакомой девушке

9. 어느 날 부르민은 눈보라 때문에 길을 잃었고, _____ .

    (А) 우연히 한 교회에 들러서 모르는 여자와 결혼식을 올렸습니다

    (Б) 우연히 한 교회에 들러서 거기서 마리야를 알게 됐습니다

    (В) 그가 마리야와 만났어야만 하는 교회를 발견했습니다.

    정답 (А) случайно зашёл в одну церковь и обвенчался там с незнакомой девушкой

10. 마리야는 부르민의 이야기를 들은 후에 매우 놀랐습니다. 왜냐하면 _____ .

    (А) 부르민과 결혼한 모르는 여자가 바로 그녀였기 때문입니다

    (Б) 그녀는 부르민이 자신을 속이고 있다고 생각했기 때문입니다

    (В) 부르민이 블라디미르의 친한 친구이기 때문입니다

    정답 (А) незнакомая девушка, на которой женился Бурмин, это была она

문제 1~6번. 한 학생의 편지를 읽어본 후에 제시된 문제를 푸세요. 편지의 내용을 온전히 그리고 정확하게 반영하고 있는 정답을 고르세요.

💬 텍스트 분석

친애하는 스베타야!

안녕! 어떻게 지내? 새로운 소식은 뭐가 있어? 모든 것이 다 순조롭기를 바라. 나는 별다른 일이 없고, 모든 것이 항상 똑같아. 사실은 내 하루가 이렇게 평온하게 흘러간다는 게 기뻐. [2]요즘 나는 열심히 공부하고 있고, 지난 학기에는 개별 면접과 시험에서 최고점인 5점을 받았어.

[2]바로 그렇기 때문에 나에게 좋은 소식이 있지. 나는 곧 교환 학생으로 모스크바에 가! 우리 대학교에는 해외에서 공부할 수 있는 프로그램이 있어. 나는 우리 학부에서 유일한 우등생이 되었기 때문에 이 프로그램에 참가할 수 있는 기회를 얻었어.

지금 나는 어떤 대학교에 가는 것이 더 좋을지 생각 중이야. 첫 번째 방안은 모스크바 국립대학교(МГУ)야. 이 대학교에 대해 많이 말할 필요는 없다고 생각해. 모스크바 국립대학교는 말할 필요도 없이 러시아에서 가장 유명하고 명망 높은 대학교잖아. 그곳은 독자적인 역사도 있고, 숙련된 존경할 만한 교수진들도 있고 재미있는 것들도 많아. 그리고 또 건축물도 엄청 아름다워! 나에겐 참새 언덕에 있는 모스크바 국립대학교 본관 건물이 모스크바에서 가장 특별하고 아름다운 건물이야. 참새 언덕에 서서 이 높은 건물을 보고 있을 때, 곧바로 환희에 다다를 수 있어. [3]하지만 나에게 모스크바 국립대학교는 유일한 마이너스 요인이 있어. 거기엔 외국 학생들이 너무 많다는 거야. 모스크바 국립대학교에 이미 다니고 있는 모든 내 지인들이 거기에는 외국인, 특히 아시아인들이 엄청 많다고 말해줬어. [3]그리고 그들 모두는 친구들과 러시아어가 아닌 영어로 소통하고 있어. 만일 내가 모스크바 국립대학교에 다닌다면, 내 러시아어가 엄청 천천히 발전될까 봐 걱정돼. 그런 건 원하지 않아.

그리고 두 번째 방안은 모스크바 국립 국제관계대학교(МГИМО)야. 모스크바 국립 국제관계대학교 또한 러시아의 명망 높은 국립 대학이야. 하지만 거기엔 외국 학생들이 더 적어서, 그들을 위한 시스템은 훨씬 더 좋아. [4]모스크바 국립 국제관계대학교에는 외국 학생들을 위한 튜터 프로그램이 있어. 튜터들은 러시아 교육 시스템에 적응할 수 있도록 도와주고, 심지어 모스크바 생활에 적응할 수 있도록 도와줘. 이게 나는 가장 마음에 들어. 하지만 만일 이 대학교에 다니고 싶다면, 교육비를 많이 지불해야 해. [6]모스크바 국립 국제관계대학교 석사 과정에 다니는 내 여자 친구가 다른 대학들보다 거의 두 배는 더 많이 비용을 내야 한다고 말했어.

[5]나는 두 대안 모두 나쁘지 않다고 생각해. 그래서 선택하기가 힘들어. [1]너는 러시아 대학을 잘 알고 있고 모스크바 국립대학교의 학생이기도 하니까, 어떤 대학교가 나에게 더 잘 맞을지 조언해 줘.

우리가 곧 모스크바에서 보길 기대하고 있어! 네 답변을 기다리고 있을게. 안녕!

너의 친구, 아리샤가

---

1. 아리샤는 스베타에게 _____ 편지를 쓰고 있습니다.

    (А) 모스크바를 그리워했기 때문에

    (Б) 모스크바에 도착했다고

    (В) 스베타가 자신에게 조언을 주길 바라서

    `정답` (В) чтобы она дала ей совет

2. 아리샤는 _____ 곧 교환 학생으로 모스크바로 갑니다.

    (А) 이미 어디에서 공부할지 정했고

    (Б) 시험에서 좋은 평가를 받았고 기회를 잡았기 때문에

    (В) 더 열심히 공부하기 위해서

    `정답` (Б) потому что она получила хорошие оценки

3. 아리샤는 모스크바 국립대학교에서 외국인들과 공부하는 것이 _____ 생각합니다.

    (А) 도움이 되지 않는다고

    (Б) 도움이 된다고

    (В) 이득이라고

    `정답` (А) бесполезно

4. 아리샤는 _____ 가장 마음에 듭니다.

    (А) 모스크바 국립대학교에는 외국인이 많고 그들과 쉽게 소통할 수 있다는 점이

    (Б) 모스크바 국립 국제관계대학교에는 외국 학생들을 위한 특별한 프로그램이 있는 것이

    (В) 모스크바 국립 국제관계대학교가 가장 명망 높은 대학교라는 것이

    `정답` (Б) в МГИМО есть специальная программа для иностранных студентов

5. 아리샤는 _____ 어떤 대학교에 다닐지 결정하는 것이 어렵습니다.

    (А) 두 대학교 모두 장단점이 있기 때문에

    (Б) 두 대학 모두 엄청 좋지 않기 때문에

    (В) 그래서 그녀는 부모님과 상의를 하고 싶어합니다

    `정답` (А) так как у обоих университетов есть свои плюсы и минусы

6. 석사 과정에 다니는 아리샤의 여자 친구는 _____ 말합니다.

(А) 모스크바 국립대학교에서 공부하는 것이 더 좋다고

(Б) 모스크바 국립 국제관계대학교에서 공부하는 것이 비싸다고

(В) 모스크바 국립 국제관계대학교에 다니는 것을 조언하지 않는다고

정답 (Б) учиться в МГИМО дорого

문제 7-13번. 텍스트를 읽어본 후에 제시된 문제를 푸세요. 본문의 내용을 온전히 그리고 정확하게 반영하고 있는 정답을 고르세요.

💬 텍스트 분석

블라디미르 마야콥스키는 1893년 조지아에서 태어났습니다. 그의 아버지는 조지아의 한 마을에서 산림꾼으로 일했고, 후에 가족은 쿠타이시로 이사를 갔습니다. [7]이곳에서 미래의 시인은 중학교에 다녔고, 그림 수업을 들었습니다. 쿠타이시의 유일한 화가였던 세르게이 크라스누하가 무료로 그와 함께 공부해 주었습니다. 첫 러시아 혁명의 파도가 조지아까지 도달했을 때, 아직 어린 아이였던 마야콥스키는 처음으로 시위에 참가했습니다. 시간이 흐른 뒤 그의 누나 류드밀라 마야콥스카야는 이렇게 회상했습니다. [8]"혁명 투쟁은 발로댜에게 큰 영향을 끼쳤습니다. 카프카스는 특히 첨예하게 혁명을 겪었어요. 그곳에서는 모두가 혁명에 참가하고 싶어했고, 어린 발로댜 또한 예외는 아니었죠."

[9]블라디미르 마야콥스키가 13살이었던 1906년, 그의 아버지는 피가 감염되어 사망했고, 삶이 끝날 때까지 시인은 박테리아를 무서워했습니다. 그는 항상 비누를 챙겨 다녔고, 자신 주변의 청결을 유지했습니다. [9]아버지 사망 후 가족은 힘든 상황에 처하게 되었습니다. 마야콥스키는 이렇게 회상했습니다. [9]"아버지 장례 후 우리에겐 3루블이 있었습니다. 우리는 책상, 의자, 심지어 옷까지 모든 것을 팔았습니다. 모스크바로 이사를 했죠. 왜일까요? 심지어 지인들도 없었는데 말이죠."

마야콥스키의 가족이 모스크바로 이사하고 나서 상황은 좀 더 좋아졌습니다. 엄마는 가족을 위해 돈을 벌었고, 아이들은 공부를 잘하려 노력했습니다. 마야콥스키는 모스크바 중학교에 입학을 했고, 그곳에서 어린 시인은 자신의 첫 혁명 시를 써 불법적인 학교 잡지에 이를 실었습니다. 이것이 그의 혁명적인 첫 걸음이었습니다. 마야콥스키가 중학교에 다닐 때, 그를 몇 번 체포했습니다. 그는 볼셰비키당에 가입을 했고, 지하 인쇄소에서 일을 했었습니다. 처음에는 젊은 혁명가를 어머니에게 인도했지만, 세 번째에는 감옥에 앉혔습니다.

감옥에서의 시간은 마야콥스키에게 특별했습니다. 감옥에서 마야콥스키는 많은 책을 읽었습니다. [11]그는 고전적이고, 전통적인 것과는 다른 새로운 예술, 새로운 문화를 꿈꿨습니다. 이 순간은 그가 곧바로 회화를 배우도록 결정하게 만들만큼 마야콥스키에게 큰 영향을 끼쳤습니다. 예술 학교에서 공부할 때, 마야콥스키는 새로운 동료들을 환희에 차게 만든 시들을 계속해서 썼습니다. [10]그리고 또한 마야콥스키는 자주 모임에서 연설을 했습니다. 자신의 혁명 시들을 낭독했고, 새로운 시에 대한 강연을 했습니다. 공개 연설과 혁명 사상 때문에 블라디미르 마야콥스키를 학교에서 제명했습니다.

블라디미르 마야콥스키는 회화, 시뿐 아니라 연극에도 흥미가 있었습니다. 그는 직접 희극을 썼고, 무대에서 이를 상연했고, 자주 주연을 연기하기도 했습니다. 그리고 또한 그는 영화 예술에 매료되어 있었고, 시나리오를 쓰기도 했으며, 또한 소비에트 영화 시나리오 작업을 하기도 했습니다.

블라디미르 마야콥스키는 힘들지만, 성과가 있는 인생을 살았습니다. 그의 지인들은 이렇게 회상했습니다. [12] "발로댜는 모든 일에 푹 빠져 있었어요. 그는 일만 생각하며 살았죠. 그는 생각하고, 계획할 뿐 아니라 반드시 실행했습니다. 하지만 안타깝게도 그러한 자신의 성격 때문에 그는 항상 스스로에게 불만이었어요. 그는 작업할 때 무언가 이뤄지지 않을 때를 싫어했습니다. 그는 삶을 끝내기로 결심할 만큼 이 때문에 오랫동안 괴로워했어요."

비록 이 소비에트 시인이 오래 살지 못했다 할지라도, 그는 자신의 조국을 위해 많은 것을 했습니다. 그는 소비에트 시대에 어떻게 사람들이 살았는지를 알 수 있게 해 주는 훌륭한 시, 그림, 시나리오를 우리에게 남겨 주었습니다. [13] 아직까지도 많은 사람들은 그를 소비에트 시대 최고의 애국자라 칭하고, 그의 작품을 읽는 것을 좋아하고 있습니다.

7. 마야콥스키가 유명한 화가의 수업을 들었을 때, _____ .

(А) 그는 수업료를 지불했습니다

(Б) 그는 수업료를 지불하지 않았습니다

(В) 선생님은 그에게 할인을 해 주었습니다

정답 (Б) он не платил за уроки

8. 마야콥스키가 아직 어렸다고 할지라도, _____ .

(А) 그는 혁명에 대한 기사를 공개했습니다

(Б) 그는 혁명에 진지한 태도로 임했고, 그 과정에 참가했습니다

(В) 그는 계속해서 감옥에 갔습니다

정답 (Б) он серьёзно относился к революции и участвовал в ней

9. 마야콥스키의 가족은 _____ 조지아에서 모스크바로 이사를 했습니다.

(А) 혁명 시위에 참가하기 위해서

(Б) 어린 발로댜가 거기에서 공부하기를 원했기 때문에

(В) 아버지가 돌아가셨고, 엄마가 어떤 일이든 찾아야 했기 때문에

정답 (В) так как отец умер, и мама должна была искать какую-нибудь работу

10. 마야콥스키를 _____ 학교에서 쫓아냈습니다.

(А) 시 때문에

(Б) 시험에서의 안 좋은 결과 때문에

(В) 위험한 사상 때문에

정답 (В) из-за опасной идеологии

11. 마야콥스키는 문학뿐 아니라, _____ 푹 빠져 있었습니다.

(А) 음악에도

(Б) 고전에도

(В) 그림에도

정답 (В) рисованием

12. 마야콥스키는 _____ 스스로 목숨을 끊었습니다.

(А) 스스로를 미워했기 때문에

(Б) 항상 자신의 작업에 불만이었기 때문에

(В) 여자들 때문에 엄청 많이 고통받았고 매우 지쳤기 때문에

정답 (Б) так как он всегда был недоволен своей работой

13. 많은 사람들은 마야콥스키를 _____ 여깁니다.

(А) 최고의 애국주의 작가로

(Б) 전 세계 최고의 작가 중 하나로

(В) 좋은 예술가로

정답 (А) лучшим патриотическим писателем

문제 14-20번. 텍스트를 읽어본 후에 문제를 푸세요. 본문의 내용을 온전히 그리고 정확하게 반영하고 있는 정답을 고르세요.

💬 텍스트 분석

러시아 작가에 대해 언급할 때 레프 톨스토이를 떠올리지 않을 수 없습니다. 위대한 러시아 작가, 톨스토이는 전 세계에서 훌륭한 문학 작품과 평범하지 않은 인생으로 잘 알려져 있습니다. 많은 사람들은 그의 소설을 엄청 사랑하고, 그의 철학을 존경합니다. [14] 하지만 작가 본인뿐만 아니라 그의 아내 또한 매우 잘 알려져 있습니다. 그녀를 전 세계 3대 악처 중 하나로 여깁니다. 많은 사람들은 톨스토이가 평생을 그녀의 악한 습관과 불쾌한 행동 때문에 괴로워했다고 말했습니다.

"소피야 톨스타야는 정말로 악한 아내였을까요? 그녀는 톨스토이의 삶에 어떤 영향을 미쳤습니까?" 몇몇 문학가들은 오랫동안 그녀가 악한 것이 진실인지를 의심해 왔습니다. 그들은 반대로 소피야 톨스타야는 항상 자신의 남편에게 큰 도움을 주었고 그를 존경해 왔다고 생각했습니다.

[15] 마침내 20세기 말 모든 것이 밝혀졌습니다. 소피야 톨스타야의 일기가 세상에 공개되었고, 모두가 진실을 알게 되었습니다. 사실 그녀는 자신의 남편을 괴롭힌 것이 아니라 그를 잘 돌봐 주었습니다. 그녀는 레프 니콜라예비치를 잘 이해하는 유일한 사람이었습니다. 하지만 그렇다면 왜 사람들은 오랜 시간 동안 톨스토이의 아내를 못됐고 악한 여자라고 여겼을까요?

레프 니콜라예비치와 소피야는 그녀가 18살일 때 결혼했습니다. 레프는 항상 자신의 문학적 행보가 매우 중요하다고 여겼고, 매일 그가 보고, 듣고, 느낀 것을 기록했습니다. [16] 결혼 후 레프는 아무것도 숨기기 싫었고, 그녀를 매우 신뢰했기 때문에 자신의 방대한 양의 메모를 사랑하는 아내에게 선물했습니다. 하지만 소냐가 모든 것을 읽고 난 후, 그녀는 경악했습니다. 거기에는 젊고 매력적인 작가가 어떻게 살았는지에 대한 모든 것이 쓰여 있었습니다. 그는 많은 여자들과 만났고 자주 불쾌한 행동을 했습니다. 처음부터 모든 것이 순조롭지는 않았습니다.

그리고 또 소냐의 여동생이 20살이나 더 많은 레프의 형과 만나고 있었습니다. 얼마 후에 그들은 헤어졌지만, 이 사건 또한 소냐에게 그렇게 좋지 못한 영향을 미쳤습니다. 좀 더 후에 소피야는 그 시간을 자신의 인생에서 가장 불행했다고 회상했습니다.

비록 그들의 결혼 생활 초반에 많은 불쾌한 사건들이 발생했다고 할지라도, 소피야는 자신의 남편과 함께 행복한 가정을 꾸리기를 꿈꿨습니다. 그들에게는 16명의 자녀가 있었고, 그녀는 좋은 아내, 좋은 어머니가 되도록 노력했습니다.

[17] 소피야 톨스타야는 충실한 아내일 뿐 아니라 훌륭한 조력자이기도 했습니다. 그녀는 그를 위대한 작가이자 영웅으로 여겼기 때문에 자신의 남편만을 위해 살았습니다. 그녀는 톨스토이의 소설을 복사해서 편집실에 전달해 주었고, 남편과 함께 새로운 소설을 위한 주제를 논의하기도 했고, 그의 작품을 외국어로 번역을 하기도 했으며, 그의 작업을 위해 유용한 정보들을 검색했고, 심지어는 그의 토지를 관리하기도 했습니다.

하지만 결혼 20년 후, 모든 것이 바뀌었습니다. 소피아는 지치기 시작했습니다.

개인적인 문제, 혹은 자신의 새로운 인생 철학과 믿음 때문에 위대한 작가는 자신의 가족을 무시했고 심지어는 한 장소에 그들과 함께 앉아 있는 것도 싫어했습니다. 또한 그때 톨스토이는 채식주의자가 되었고, 오직 채소와 과일만을 먹었습니다. 당연히 톨스토이의 아내는 이를 정말로 싫어했습니다. 그녀는 이것이 쓸데없는 돈 낭비와 시간 낭비라고 생각했습니다. 그녀는 별도로 식재료를 구매해야만 했고, 오직 그 하나만을 위한 다른 음식을 요리해야만 했기 때문입니다.

그리고 또한 톨스토이는 제자가 많았습니다. [18] 모두가 이 위대한 작가를 존경했고, 자주 그의 집에 손님으로 오고는 했습니다. 톨스토이에게는 반가운 소일거리였지만, 소피아에게는 아니었습니다. 그녀는 하루 종일 손님들을 위해 요리했고, 집을 청소했습니다. [19] 하지만 가끔 손님들이 더 조용하게 대화를 하도록 소리를 치거나 부탁을 하고는 했습니다. 톨스토이의 제자 중 한 명은 자신의 우상을 너무나도 사랑했고 존경한 나머지, 소피아에게 자주 화를 냈습니다. 그는 그녀가 작가를 잘 돌보지 못하고 그녀가 더 노력해야 한다고 생각했습니다.

모두가 그녀는 정신적으로 불안하고 감사할 줄 모르는 여자라고 생각했지만, 이러한 모든 이유 때문에 소피아는 항상 긴장 속에 있었습니다. 하지만 일기장 덕분에 소피야 톨스타야는 자신의 명예를 회복했습니다. 이제 많은 문학가들은 그녀를 둘러싸고 있는 사람들의 몰이해 때문에 그녀가 매우 고통받았다는 것을 알고 있습니다. 그들은 톨스토이가 오롯이 소피야 톨스타야가 가지고 와준 희생 덕분에 그러한 위대한 문학 작품들을 써 낼 수 있었다고 생각합니다.

14. 예전에 많은 사람들은 _____ 생각했습니다.

(А) 톨스토이의 아내가 위대한 작가를 오랫동안 괴롭혔다고

(Б) 톨스토이와 그의 아내는 불쾌한 사람들이라고

(В) 톨스토이가 자신의 아내를 오랫동안 괴롭혔다고

정답 (А) жена Толстого долго мучила великого писателя

15. 소피야의 일기장이 등장했을 때, _____ .

(А) 그 누구도 흥미롭게 하지 않았습니다

(Б) 사람들은 그녀에 대한 자신의 생각을 바꾸었습니다

(В) 사람들은 자신의 생각을 고수했습니다

정답 (Б) люди изменили своё мнение о ней

16. 왜 톨스토이 부부의 결혼 생활 초반이 좋지 못했습니까?

(А) 톨스토이는 아내에게 자신의 비밀을 보여 주었고, 그녀는 이를 마음에 들어하지 않았습니다.

(Б) 부모님이 그들을 결혼하게끔 강요했습니다.

(В) 소피야의 여동생이 톨스토이가 엄청 못된 남자라고 말했습니다.

정답 (А) Толстой показал жене свои секреты, и ей это не понравилось.

17. 사실 소피야 톨스타야는 평생을 _____ .

(А) 자신의 남편을 사랑했습니다

(Б) 자신의 남편을 미워했습니다

(В) 비서처럼 모든 일에서 자신의 남편을 도와주었습니다

정답 (В) помогала своему мужу во всём, как его секретарь

18. 소피야에게는 _____ 큰 스트레스였습니다.

(А) 톨스토이의 제자들이 집에 방문하고 청결을 유지하지 않았을 때가

(Б) 톨스토이가 그녀에게 소리를 지를 때가

(В) 톨스토이의 제자들이 채소와 과일만을 먹고 싶어 했을 때가

정답 (А) когда ученики Толстого приходили к ним домой и не соблюдали чистоту

19. 사람들은 _____ 소피야를 감사할 줄 모르는 악한 여자라고 생각했습니다.

(А) 남편이 그녀를 사랑하지 않았기 때문에

(Б) 소피야는 항상 모두에게 화를 냈기 때문에

(В) 그녀가 크게 지치고 긴장한 것 때문에 가끔 소리를 질러서

정답 (В) так как она иногда повышала голос из-за большой усталости и напряжения

20. 이 본문에는 어떤 제목이 가장 잘 부합합니까?

(А) '톨스토이와 그의 가족'

(Б) '왜 소피야 톨스타야는 악한 아내로 여겨졌으며, 진실은 어디에 있을까?'

(В) '톨스토이는 왜 소설을 쓰기 시작했을까요?'

정답 (Б) «Почему Софью Толстую считали злой женой и в чём правда?»

듣기 영역 정답 및 해설

듣기 영역 01

✔ 듣기 스크립트

Меня зовут Ксения. Я родилась в Москве. Моя семья живёт на тихой московской улице. [2]У нас в семье 5 человек: папа, мама, брат, сестра и я.

Мой папа – профессор. [1] Он преподаёт математику в техническом институте. Он очень хороший математик. Когда я училась в школе, он часто помогал мне решать трудные задачи. Также он любит играть на гитаре. В выходные он иногда поёт нам любимые песни, играя на гитаре.

Моя мама – домохозяйка. Она настоящий повар. Мы все очень любим её блюда. [3] А ещё она любит принимать гостей. Она часто приглашает друзей к нам в гости и угощает их своими фирменными блюдами. Мама всегда старается, чтобы наша квартира была уютной и чистой.

Мой старший брат живёт в Санкт-Петербурге. Он учился в Московском университете. А после окончания университета он уехал в Санкт-Петербург и начал работать инженером. В Питере он познакомился со своей женой, Анной. [4] Она работала поваром в ресторане, но сейчас не работает, потому что у них недавно родилась милая девочка. Анна собирается сидеть с дочкой до тех пор, пока она не пойдёт в детский сад.

[2/5] Моя старшая сестра - пианистка. 5 лет назад она окончила Московскую консерваторию имени Чайковского и сейчас играет на пианино в Московском государственном симфоническом оркестре. Я думаю, что моя сестра одна из лучших пианисток России. [5] Когда она начинает играть, все внимательно слушают и восхищаются её игрой. Я очень горжусь ей.

А я студентка. Я изучаю политику в университете. Я очень интересуюсь внешней политикой. Я хочу стать дипломатом после окончания университета.

제 이름은 크세니야입니다. 저는 모스크바에서 태어났습니다. 저의 가족은 조용한 모스크바의 거리에 살고 있습니다. [2]우리 가족은 5명입니다. 아빠, 엄마, 오빠, 언니 그리고 저입니다.

저의 아빠는 교수입니다. [1] 그는 기술대학교에서 수학을 가르칩니다. 그는 엄청 훌륭한 수학자입니다. 제가 학교에 다녔을 때, 그는 저에게 어려운 문제 푸는 것을 자주 도와주곤 했습니다. 또한 그는 기타치는 것을 좋아합니다. 주말에 그는 가끔 우리에게 기타를 치면서 좋아하는 노래를 불러 줍니다.

저의 엄마는 가정주부입니다. 그녀는 진정한 요리사입니다. 우리 모두는 그녀의 요리를 엄청 좋아합니다. [3] 그리고 또한 그녀는 손님 대접하는 것을 좋아합니다. 그녀는 자주 친구들을 우리 집으로 초대해서 그들에게 자신만의 특제 요리를 대접합니다. 엄마는 우리 집이 안락하고 깨끗할 수 있도록 항상 노력합니다.

저의 오빠는 상트페테르부르크에 살고 있습니다. 그는 모스크바 대학교에서 공부했습니다. 대학교를 졸업하고 나서 그는 상트페테르부르크로 떠났고 엔지니어로 일하기 시작했습니다. 상트페테르부르크에서 그는 자신의 아내인 안나를 알게 되었습니다. [4]그녀는 레스토랑에서 요리사로 일했지만, 지금은 일하고 있지 않습니다. 왜냐하면 얼마 전에 그들에게서 귀여운 여자아이가 태어났기 때문입니다. 안나는 딸이 유치원에 가기 전까지 딸과 함께 있을 예정입니다.

[2/5]저의 언니는 피아니스트입니다. 5년 전에 그녀는 차이콥스키 모스크바 음악원을 졸업했고 지금은 모스크바 국립 교향 오케스트라에서 피아노를 연주합니다. 저는 제 언니가 러시아에서 최고의 피아니스트 중 하나라고 생각합니다. [5]그녀가 연주를 하기 시작할 때면, 모두가 집중해서 그녀의 연주를 듣고 감탄합니다. 저는 그녀가 엄청 자랑스럽습니다.

저는 대학생입니다. 저는 대학교에서 정치를 공부합니다. 저는 대외 정치에 관심이 있습니다. 저는 대학을 졸업한 후 외교관이 되고 싶습니다.

1. 아빠는 대학교에서 _____ 가르칩니다.

 (А) 수학을

 (Б) 정치를

 (В) 기술을

 정답 (А) математику

2. 크세니야는 가족 내에서 _____ 아이입니다.

 (А) 첫째

 (Б) 둘째

 (В) 셋째

 정답 (В) третий

3. 엄마는 자주 _____ .

 (А) 손님들에게 맛있는 요리를 준비합니다

 (Б) 쉽니다

 (В) 어려운 문제 푸는 것을 도와줍니다

 정답 (А) готовит гостям вкусные блюда

4. 오빠의 아내는 일을 하지 않습니다. 왜냐하면 _____ .

  (А) 그녀는 대학교에 다니기 때문입니다

  (Б) 딸이 완전 어리기 때문입니다

  (В) 그녀는 자신의 일을 좋아하지 않기 때문입니다

  정답 (Б) дочка совсем маленькая

5. 크세니야의 언니가 피아노를 연주할 때, _____ .

  (А) 모두가 그녀의 연주에 감탄합니다

  (Б) 모두가 그녀에게 박수를 쳐 줍니다

  (В) 그 누구도 그녀의 연주를 듣지 않습니다

  정답 (А) все восхищаются её игрой

☑ 듣기 스크립트

Здравствуйте, ребята! [1] Я хочу рассказать вам о своём старшем брате.

Моего старшего брата зовут Владимир. С детства он был очень умным и талантливым. Он был первым учеником в классе. Также он был очень трудолюбивым, поэтому все учителя любили его. [2] Обычно в российских школах учатся 11 лет, но он окончил школу за 9. Он поступил в университет раньше своих друзей.

А ещё Владимир был спортсменом. В детстве он ходил в бассейн, и играл в футбол с друзьями. [3] Ему нравились почти все виды спорта, но больше всего он любил хоккей. Владимир с детства занимался хоккеем, поэтому состоял в университетской команде, был главным игроком. Они с командой часто ездили в разные города, чтобы выступать на соревнованиях. Тогда его команда часто выигрывала, и стала известной в России. Конечно, многое благодаря Владимиру.

Когда Владимир заканчивал университет, он много думал о том, что делать дальше и кем быть. Он всегда хотел жить интересной жизнью. Он думал, что работать в обычной компании очень скучно. [4] Поэтому, когда ему было 23 года, он решил создать собственную фирму. Конечно, в бизнесе всегда есть большой риск, но также и много интересного. Теперь Владимир – директор фирмы. Он руководит фирмой, которая занимается импортом машин. Его фирма небольшая, но перспективная. Многие молодые люди хотят работать там.

Владимир женат. Он познакомился со своей женой в университете. Его жена сказала, что влюбилась в него, когда случайно увидела его на одном хоккейном матче. [5] У них трое детей. Скоро должен родиться четвёртый. Они все очень милые. В детстве Владимир всегда читал мне интересные сказки после ужина и часто помогал делать домашние задания. Он старше меня на 7 лет, поэтому всегда заботился обо мне. Сейчас я часто провожу время с его детьми и помогаю им. Я очень люблю своего брата и горжусь им.

- -

안녕하세요, 여러분! [1] 저는 여러분에게 제 형에 대해서 이야기하고 싶습니다.

제 형의 이름은 블라디미르입니다. 어릴 때부터 그는 엄청 똑똑했고 재능이 있었습니다. 그는 반에서 1등 인 학생이었습니다. 또한 그는 엄청 성실했고, 그래서 모든 선생님들이 그를 좋아했습니다. [2] 보통 러시아의 학교에서는 11년 동안 공부를 하는데, 그는 9년 만에 학교를 졸업했습니다. 그는 자신의 친구들보다 더 일찍 대학교에 입학했습니다.

또한 블라디미르는 운동을 잘했습니다(운동선수였습니다). 어릴 때 그는 수영장에 다녔고, 친구들과 축구를 했습니다. [3] 그는 거의 모든 운동 종목을 좋아했지만, 무엇보다도 그는 하키를 가장 좋아했습니다. 블라디미 르는 어릴 때부터 하키를 했습니다. 그래서 대학 팀에서 경기를 했고, 주전 선수였습니다. 그는 팀과 함께 경기에 참가하기 위해서 다양한 도시들을 자주 돌아다녔습니다. 그때 그의 팀은 자주 우승했고, 러시아에서 유명해졌습니다. 물론 많은 것이 블라디미르 덕분이었습니다.

블라디미르가 대학 졸업 준비를 할 때, 그는 앞으로 무엇을 하고, 어떤 사람이 될지에 대해서 많이 생각했습니다. 그는 항상 흥미로운 인생을 살기를 원했습니다. 그는 평범한 회사에서 일하는 것은 엄청 지루하다고 생각했습니다. [4]그래서 그가 23살이었을 때 그는 자신의 회사를 만들기로 결심했습니다. 물론 사업에는 항상 큰 위험 요소가 있지만, 또한 많은 흥미로운 일도 있습니다. 지금 블라디미르는 회사의 사장입니다. 그는 자동차를 수입하는 회사를 이끌고 있습니다. 그의 회사는 크지는 않지만, 전망이 있습니다. 많은 젊은이들이 그곳에서 일하고 싶어합니다.

블라디미르는 결혼했습니다. 그는 자신의 아내와 대학교에서 알게 되었습니다. 그의 아내는 한 하키 경기에서 그를 우연히 봤을 때, 그에게 사랑에 빠졌다고 말했습니다. [5]그들에게는 3명의 아이가 있습니다. 곧 넷째 아이가 태어날 겁니다. 그들 모두는 엄청 귀엽습니다. 어릴 때 블라디미르는 저녁 식사 후에 저에게 항상 재미있는 동화를 읽어 주었고 자주 숙제하는 것을 도와주었습니다. 그는 저보다 7살이 많습니다. 그래서 항상 저를 돌봐 주었습니다. 지금 저는 그의 아이들과 자주 시간을 함께 보내고, 그들에게 도움을 줍니다. 저는 제 형을 엄청 사랑하고 그가 자랑스럽습니다.

1. 이 이야기를 _____ 말해줬습니다.

　(А) 블라디미르가

　(Б) 블라디미르의 남동생이

　(В) 블라디미르의 형이

정답 (Б) младший брат Владимира

2. 블라디미르는 _____ 학교를 졸업했습니다.

　(А) 9년 만에

　(Б) 10년 만에

　(В) 11년 만에

정답 (А) за 9 лет

3. 블라디미르는 무엇보다도 가장 _____ 좋아합니다.

　(А) 축구를

　(Б) 하키를

　(В) 수영을

정답 (Б) хоккей

4. 대학 졸업 후에 블라디미르는 _____ .

    (А) 평범한 회사에서 일하기 시작했습니다

    (Б) 독특한 일을 찾기 시작했습니다

    (В) 자신의 회사를 차렸습니다

  정답 (В) создал собственную фирму

5. 블라디미르에게는 아이가 _____ 있습니다.

    (А) 세 명

    (Б) 네 명

    (В) 다섯 명

  정답 (А) трое

🎧 듣기 스크립트

Вчера был очень странный день. [2] Я собиралась посмотреть фильм со своим парнем Максимом. Мы договорились встретиться в 6 часов перед входом в кинотеатр. Времени было достаточно. Я накрасилась, оделась, взяла билеты и вышла из дома около пяти часов. От моего дома до кинотеатра можно добраться минут за 30, поэтому я думала, что точно не опоздаю.

Я пришла на остановку и начала ждать автобус, который идёт до кинотеатра. Обычно автобусы ходят каждые 10 минут. Но я ждала уже 20 минут, а моего автобуса не было. На улице было ужасно холодно, и мне хотелось поскорее оказаться в тепле. А ещё я не хотела, чтобы Максим долго ждал меня. Я вообще не люблю опаздывать или когда опаздывают другие. К счастью, в этот момент подошёл 10-ый автобус, который я ждала.

Я села в автобус и спросила у водителя:

- Почему автобус так долго ехал? Что-то случилось?

Водитель ответил:

- [3] Сегодня на дороге почему-то очень много машин. Я сам даже не думал, что в это время попаду в пробку. Другие автобусы тоже опаздывают из-за пробки.

После того, как я это услышала, я написала Максиму, что возможно я опоздаю. Я спокойно села и начала смотреть в окно. В автобусе было тепло. Вдруг мне очень сильно захотелось спать. Я решила немного поспать. Через несколько минут я проснулась. Но, что такое? Я поняла, что нахожусь вообще в незнакомом месте. Я подумала, что проспала и пропустила нужную мне остановку. Я посмотрела на часы. Но на часах было только 5 часов 40 минут. Я спала всего минут 10. Я ещё раз осмотрелась. Это точно было незнакомое место.

Я с удивлением спросила у водителя:

- Простите, где мы сейчас находимся? Автобус же идёт по правильному маршруту, да?

- Да, маршрут всегда одинаковый. Мы около стадиона «Лужники».

- Стадион «Лужники»? А мне надо в кинотеатр «Свобода»! Почему автобус идёт вообще в другом направлении?

Тогда водитель удивлённо посмотрел на меня.

- Девушка, это автобус номер 100. [4] До кинотеатра «Свобода» добираться на автобусе номер 10. Кажется, вы перепутали автобусы. Выходите скорее на следующей остановке.

Я покраснела. Наконец я поняла. [5] Я почему-то подумала, что это мой автобус и поехала совсем в другом направлении. Я первый раз в жизни перепутала автобусы. Слава богу, я не опоздала на встречу. Вчера точно был странный день.

어제는 정말 이상한 하루였습니다. [2]나는 내 남자친구 막심과 함께 영화를 보러 가기 위해 준비를 하고 있었습니다. 우리는 영화관 입구 앞에서 6시에 만나기로 약속을 했습니다. 시간은 충분했습니다. 나는 화장을 했고, 옷을 입었고, 표를 챙겨서 5시 즈음에 집에서 나왔습니다. 우리집에서 영화관까지는 30분 정도 안에 도착할 수 있어서, 나는 확실하게 늦지 않을 것이라 생각했습니다.

나는 정류장에 도착했고 영화관까지 가는 버스를 기다리기 시작했습니다. 보통 버스는 매 10분마다 다닙니다. 나는 이미 20분 동안이나 기다렸지만, 내 버스는 오지 않았습니다(없었습니다). 거리는 무서울 정도로 추웠고, 나는 빨리 따뜻한 곳에 있고 싶었습니다. 또한 나는 막심이 나를 오래 기다리게 하고 싶지 않았습니다. 나는 내가 늦거나 또는 다른 사람들이 지각할 때를 완전 싫어합니다. 다행히 이 순간에 내가 기다렸던 10번 버스가 다가왔습니다.

나는 버스에 탔고 버스 기사에게 물어봤습니다.

"왜 버스가 이렇게 오래 걸려서 왔나요? 무슨 일이라도 일어났어요?"

버스 기사가 대답했습니다.

[3]"오늘 길에 무슨 이유인지 자동차가 엄청 많아요. 심지어는 나 스스로도 이 시간에 교통 체증에 빠질 거라고는 생각도 못했습니다. 다른 버스 또한 교통 체증 때문에 늦고 있어요."

내가 이것을 들은 후에, 나는 막심에게 내가 늦을 수도 있을 것 같다고 썼습니다. 나는 평온하게 앉아서 창 밖을 응시하기 시작했습니다. 버스 안은 따뜻했습니다. 갑자기 나는 엄청 심하게 졸렸습니다. 나는 조금 자기로 결정했습니다. 몇 분 후에 나는 잠에서 깼습니다. 하지만 이게 도대체 어떻게 된 거죠? 나는 내가 완전히 모르는 장소에 있다는 것을 알았습니다. 나는 내가 너무 오래 잠을 잤고, 나에게 필요한 정류장을 지나쳤다고 생각했습니다. 나는 시계를 봤습니다. 하지만 시간은 단지 5시 40분 밖에 되질 않았습니다. 나는 겨우 10분 정도 잠을 잤습니다. 나는 다시 한 번 주변을 둘러보았습니다. 이곳은 확실히 모르는 장소였습니다.

나는 놀라서 버스 기사에게 물어보았습니다.

"죄송합니다. 지금 우리가 어디에 있는 건가요? 버스가 올바른 노선으로 가고 있는 거죠, 그렇죠?"

"네, 노선은 항상 똑같습니다. 우리는 'Лужники' 경기장 근처입니다."

"'Лужники' 경기장이요? 저는 'Свобода' 영화관으로 가야 해요! 왜 버스가 완전히 다른 방향으로 가는 거죠?"

그때 버스 기사가 놀라서 나를 쳐다봤습니다.

"아가씨, 이 버스는 100번 버스예요. [4]'Свобода' 영화관까지는 10번 버스를 타고 갈 수 있습니다. 당신이 버스를 헷갈린 거 같네요. 얼른 다음 정류장에서 내리세요."

나는 얼굴이 빨개졌습니다. 마침내 나는 깨달았습니다. [5]나는 무슨 이유인지 이것이 내 버스라고 생각했고 완전히 다른 방향으로 갔던 것입니다. 나는 살면서 처음으로 버스 번호를 헷갈렸습니다. 다행히도 나는 만남에 늦지는 않았습니다. 어제는 확실히 이상한 날이었습니다.

1. 여러분은 _____ 들었습니다 .

   (А) 버스 기사의 안내

   (Б) 공지

   (В) 일화

   정답 (В) рассказ

2. 여자는 _____ 영화를 보러 갈 준비를 했습니다.

   (А) 버스 기사와 함께

   (Б) 자신의 남자친구와 함께

   (В) 혼자

   정답 (Б) со своим парнем

3. 여자는 버스를 오랫동안 기다렸습니다. 왜냐하면 _____ .

   (А) 길에 사고가 있었기 때문입니다

   (Б) 길에 엄청난 교통 체증이 있었기 때문입니다

   (В) 버스가 갑자기 멈췄고 가지 않았기 때문입니다

   정답 (Б) на дороге была большая пробка

4. 'Свобода' 영화관까지는 _____ 갈 수 있습니다.

   (А) 100번 버스를 타고

   (Б) 10번 버스를 타고

   (В) 걸어서

   정답 (Б) на автобусе номер 10

5. 여자가 모르는 장소로 가게 되었습니다. 왜냐하면 _____ .

   (А) 그녀가 길을 잃어버렸기 때문입니다

   (Б) 그녀가 늦잠을 잤기 때문입니다

   (В) 그녀가 버스를 헷갈렸기 때문입니다

   정답 (В) она перепутала автобусы

☑ 듣기 스크립트

[2] Наша компания выпускает одежду для женщин. Одежда наших дизайнеров очень модная и недорогая, и молодые девушки часто покупают её. Наша компания небольшая, но потихоньку становится популярной, поэтому я очень горжусь ею. Но мне кое-что не нравится. [3] В нашей компании слишком часто проводят собрания, так как директор нашей компании думает, что мы должны обсуждать всё, даже небольшие проблемы. Конечно, сегодня тоже было несколько собраний. Этот случай произошёл сегодня на третьем собрании.

Директор спросил у нас.

- Ну, что вы думаете об этом? Я думаю, что мы должны всё обдумать и решить, чтобы развиваться дальше. У кого-нибудь есть хорошие идеи?

Никто не понял, что директор имеет в виду и что такое «это». Перед собранием он ни о чём нам не сказал. [4] Поэтому все подумали, что «это» – это наше новое платье, которое скоро будет продаваться в магазинах.

Первым ответил директор по маркетингу.

- Мне кажется, оно подходит только для вечеринки.

Директор сказал:

- О, это интересно. Я никогда не думал об этом. Но теперь думаю, что это хорошая идея.

Я добавил.

- По-моему неплохо будет, если оно будет разноцветное и яркое. Тем более в последнее время у всех свой уникальный вкус. И тогда его можно будет надевать не только на вечеринки, но и в школу, и на работу.

Мой коллега, Антон тоже начал говорить своё мнение.

- Я хочу, чтобы длина была разной. Если оно будет разной длины, люди и высокого, и невысокого роста смогут носить его.

[5] В этот момент директор вдруг рассердился на нас.

- Ребята, о чём вы думаете? Носить? Я имею в виду не одежду. Почему вы все такие не внимательные на собрании?

Мы ответили, что не знаем, о чём именно он хочет поговорить, потому что он нам ничего не говорил.

- Я имею в виду наш перерыв. Вы всегда работаете без перерыва и всегда устаёте. Я вас спросил на втором собрании, сколько времени мы должны отдыхать на работе, 30 минут или час. [5] Разве вы все забыли об этом?

Ах, наш директор думает, что мы должны обсуждать даже такие маленькие вопросы.

----

[2] 우리 회사는 여성복을 생산합니다. 우리 디자이너들의 옷은 엄청 유행하는 옷이고 비싸지 않습니다. 그래서 젊은 여성들이 자주 옷을 구매합니다. 우리 회사는 크지는 않지만 조용히 유명해지고 있습니다. 그래서 나는 우리 회사가 진짜 자랑스럽습니다. 하지만 나에게 마음에 들지 않는 것이 무엇인가 있습니다. [3] 우리 회사에서는 회의를 너무 자주 진행합니다. 왜냐하면 우리 회사의 사장님은 우리가 모든 것을, 심지어는 크지 않은 문제들조차도 논의해야 한다고 생각하기 때문입니다. 물론 오늘 또한 몇 개의 회의가 있었습니다. 이 사건은 오늘 세 번째 회의 때 발생했습니다.

사장님이 우리에게 물었습니다.

"자, 여러분들은 이것에 대해서 어떻게 생각하십니까? 나는 앞으로 발전하기 위해서 우리가 모든 것을 논의하고 결정해야 한다고 생각합니다. 누가 됐든지 좋은 아이디어 있습니까?"

아무도 사장님이 무엇을 말하고자 하는지 '이것'이 무엇인지를 알지 못했습니다. 회의 전에 그는 우리에게 아무것도 말하지 않았습니다. [4] 그래서 모두는 '이것'이 곧 매장에서 판매가 될 우리의 신상 원피스라고 생각했습니다.

첫 번째로 마케팅부 팀장이 대답을 했습니다.

"저는 그것이 파티를 위해서만 어울릴 것 같다고 생각합니다."

사장님이 말했습니다.

"오, 흥미롭네요. 나는 단 한 번도 이에 대해서는 생각해 본 적이 없어요. 하지만 이제는 이게 좋은 아이디어라는 생각이 드네요."

내가 덧붙였습니다.

"제 생각에는 색이 다양하고 밝아도 나쁘지 않을 것 같습니다. 더불어 요즘에는 모두가 자신만의 특별한 취향이 있지 않습니까. 그러면 그것을 파티를 위해서 뿐만이 아니라 학교나 직장에도 입고 갈 수 있을 것입니다."

내 동료인 안톤도 또한 자신의 의견을 말하기 시작했습니다.

"저는 길이가 다양해지기를 바랍니다. 만일 그것의 길이가 다양해진다면, 키가 큰 사람도 크지 않은 사람도 모두 입을 수 있을 것입니다."

[5] 이 순간에 사장님이 갑자기 우리에게 화를 냈습니다.

"여러분, 여러분은 무엇에 대해 생각하고 계신 겁니까? 입는다뇨? 나는 옷을 말하고자 하는 것이 아닙니다. 왜 여러분 모두는 회의 때 이렇게 부주의한 것입니까?"

우리는 그가 우리에게 아무 것도 말하지 않았기 때문에 그가 바로 무엇에 대해 말하고 싶어하는지를 모른다고 대답했습니다.

"나는 우리의 쉬는 시간을 말하는 겁니다. 여러분은 항상 쉬는 시간 없이 일하고 항상 피곤해 합니다. 나는 두 번째 회의에서 여러분에게 직장에서 얼마 동안 쉬어야 할지, 30분을 쉴지 1시간을 쉴지를 물어봤습니다. [5] 정말 여러분은 이것에 대해서 잊어버린 겁니까?"

휴, 우리 사장님은 우리가 이런 소소한 질문 조차도 서로 논의를 해야 한다고 생각합니다.

1. 여러분은 _____ 들었습니다 .

　　(А) 강의를

　　(Б) 라디오 방송을

　　(В) 일화를

　정답 (В) рассказ

2. 화자는 _____ 회사에서 일하고 있습니다.

　　(А) 남성복을 만드는

　　(Б) 여성복을 만드는

　　(В) 아동복을 만드는

　정답 (Б) делает одежду для женщин

3. 사장님은 _____ 생각합니다.

　　(А) 직원들은 열심히 일을 해야 한다고

　　(Б) 직원들은 모든 것을 논의해야 한다고

　　(В) 직원들은 일을 많이 해야 한다고

　정답 (Б) сотрудники должны обсуждать всё

4. 회사 직원들은 '이것'을 _____ 생각했습니다.

　　(А) 새로운 옷이라고

　　(Б) 쉬는 시간이라고

　　(В) 파티라고

　정답 (А) новая одежда

5. 왜 사장님은 자신의 직원들에게 화를 냈습니까?

　(A) 왜냐하면 그 누구에게 그 어떠한 아이디어도 없었기 때문입니다.

　(Б) 왜냐하면 모두가 그가 말한 것에 대해서 잊어버렸기 때문입니다.

　(В) 왜냐하면 그 누구도 회의를 좋아하지 않기 때문입니다.

　정답 (Б) Потому что все забыли, о чём он говорил.

☑ 듣기 스크립트

[1] Шахматы впервые появились в Индии в 8 веке. В 11 веке эта игра распространилась по всей Европе, [2] и её начали использовать, чтобы научить принцев побеждать войны. Потом в шахматы стали играть не только королевские семьи, но и обычные люди. Со временем появились шахматные клубы, вышли специальные книги по шахматам.

С 19 века благодаря развитию транспорта многие шахматные клубы, которые находились в Европе, начали проводить соревнования. И наконец в 1924 году во Франции был создан международный шахматный союз.

[3] После основания международного шахматного союза раз в 2 года начали проводиться Международные Шахматные Олимпиады. Лучшие шахматисты мира участвуют в этой Олимпиаде, чтобы получить мировую славу.

Гарри Каспаров – великий русский шахматист, которого называют величайшим игроком шахматного мира. Он с детства интересовался шахматами. [4] Родители будущего шахматного короля работали инженерами, а также серьёзно увлекались игрой в шахматы. Поэтому увлечённость шахматного гения этим видом спорта началась с самого рождения и уже в 5 лет юный Гарри стал учиться игре у профессионального тренера. [4] Можно сказать, что благодаря родителям он стал величайшим шахматистом в мире.

Гарри Каспаров восьмикратный победитель Шахматных олимпиад и 13-й чемпион мира по шахматам. С 1985 года он никогда не проигрывал. Но в 1997 году американская корпорация IBM предложила Гарри Каспарову сыграть против шахматного суперкомпьютера Deep Blue. [5] Игра с этим компьютером была крайне интересной, но в итоге Гарри проиграл компьютеру. Это был первый в истории матч между человеком и компьютером.

До сих пор не только в России, но и во всём мире очень любят эту игру. Люди с нетерпением ждут соревнований по шахматам, и болеют за своих любимых шахматистов.

-----

[1] 체스는 최초로 8세기에 인도에서 나타났습니다. 11세기에 이 게임은 유럽 전역에서 유행했고, [2] 왕자들에게 전쟁을 이기는 법을 가르치기 위해 사용하기 시작했습니다. 후에 왕족들뿐만 아니라 평범한 사람들도 체스를 두기 시작했습니다. 시간이 흐름에 따라 체스 클럽들이 생겨났고, 체스 관련 전문 서적들이 나왔습니다.

19세기부터 교통 수단의 발달 덕분에 유럽에 있었던 많은 체스 클럽들이 경기를 진행하기 시작했습니다. 그리고 마침내 1924년에 프랑스에서 국제 체스 연맹이 설립되었습니다.

[3] 국제 체스 연맹의 설립 후에 2년에 한 번 국제 체스 올림픽이 개최되기 시작했습니다. 세계 최고의 체스 선수들이 세계적인 영광을 얻기 위해 이 올림픽에 참가합니다.

가리 카스파로프는 체스 세계에서 가장 위대한 선수로 불리는 위대한 러시아의 체스 선수입니다. 그는 어릴 때부터 체스에 흥미가 있었습니다. ⁴미래의 체스 왕의 부모님은 기술자로 일했고, 또한 체스 게임에 완전히 푹 빠져 있었습니다. 그래서 체스 천재의 이 스포츠 종목에 대한 몰입도 태어났을 때부터 시작되었으며, 이미 5살 때 어린 가리는 전문 트레이너에게 게임을 배우기 시작했습니다. ⁴부모님 덕분에 그는 세계에서 가장 위대한 체스 선수가 되었다고 말할 수 있습니다.

가리 카스파로프는 체스 올림픽의 총 8회 우승자이며, 세계 체스 챔피언 대회의 13번째 챔피언이기도 합니다. 1985년부터 그는 단 한 번도 져본 적이 없었습니다. 하지만 1997년 미국의 IBM이라는 기업이 가리 카스파로프에게 체스 슈퍼 컴퓨터인 Deep Blue와 게임을 할 것을 제안했습니다. ⁵이 컴퓨터와의 게임은 극도로 흥미로웠지만, 결과적으로 가리는 컴퓨터에게 패배하게 됩니다. 이것은 역사상 인간과 컴퓨터의 최초의 경기였습니다.

아직까지 러시아뿐만 아니라 전 세계에서도 이 게임을 엄청 좋아하고 있습니다. 사람들은 참을성 없이 체스 경기를 기다리고 있고 자신이 좋아하는 체스 선수를 응원하고 있습니다.

1. 체스는 인도에서 _____ 태어났습니다.

(А) 8세기에

(Б) 11세기에

(В) 19세기에

정답 (А) в 8 веке

2. 처음에는 체스를 _____ 사용했습니다.

(А) 친구들과 게임을 하기 위해서

(Б) 국제 경기를 진행하기 위해서

(В) 왕자들에게 전쟁을 이기는 법을 가르치기 위해서

정답 (В) чтобы научить принцев побеждать войны

3. 국제 체스 연맹은 국제 체스 올림픽을 _____ 진행합니다.

(А) 1년에 두 번

(Б) 2년에 한 번

(В) 1년에 한 번

정답 (Б) раз в 2 года

4. 가리 카스파로프는 어릴 때부터 _____ 체스 게임에 몰두했습니다.

(A) 컴퓨터 Deep Blue 덕분에

(Б) 체스 클럽 덕분에

(B) 부모님 덕분에

정답 (B) благодаря родителям

5. 1997년에 가리 카스파로프는 슈퍼 컴퓨터와 체스를 두었고, _____ .

(A) 패배했습니다

(Б) 승리했습니다

(B) 무승부로 경기를 끝냈습니다

정답 (A) проиграл

✅ 듣기 스크립트

[1] Футбол – это командный вид спорта. Датой рождения футбола считается 1863 год, а местом рождения – Великобритания. Именно тогда были придуманы первые правила игры. До этого времени все играли в мяч по своим правилам.

[2] Раньше разные народы делали мячи из разных материалов. Мячи для футбола бывают не только чёрно-белыми, но даже оранжевыми. Обычно в футбол играют две команды. Для того, чтобы зрители их различали на поле, у каждой команды есть своя форма. Также на поле есть судья. Он должен быть хорошо заметен. Обычно у него чёрная форма. Основная задача судьи – контролировать команды, чтобы они соблюдали правила игры. Раньше судья громко кричал, если надо было остановить игру. Потом уже появились свистки.

Сегодня футбол очень популярный вид спорта. Поэтому сейчас каждые 4 года по всему миру проводятся финальные турниры чемпионатов мира. [3] Чемпионат мира по футболу – это международное соревнование. Это самое любимое и знаменитое мероприятие во всём мире. Многие футболисты и болельщики очень ждут это событие.

[4] 21-ый чемпионат мира по футболу прошёл в России в 2018 году. Россия впервые стала страной-хозяйкой мирового чемпионата по футболу. Чемпионат проводился на 12 стадионах в 11 городах России. Первый матч чемпионата мира в России прошёл 14 июня именно там. В соревнованиях принимали участие 32 команды.

У любого чемпионата мира по футболу есть свои символы, которые делают турнир узнаваемым. [5] Талисманом чемпионата мира России стал волк «Забивака».

---

[1] 축구는 팀으로 이루어진 스포츠 종목입니다. 축구의 탄생일은 1863년이고, 탄생지는 영국이라고 여겨집니다. 즉, 그때 최초의 경기 규칙들이 고안되었습니다. 이때까지 모든 사람들은 각자의 규칙에 따라 공놀이를 하였습니다.

[2] 예전에 다양한 민족들은 다양한 재료로 공을 만들었습니다. 축구공은 흑백뿐만 아니라 심지어는 주황색도 있습니다. 보통 축구에서는 두 개의 팀이 경기를 합니다. 관중들이 그들을 축구장에서 구별하기 위해서 각 팀에는 자신만의 유니폼이 있습니다. 또한 축구장에는 심판이 있습니다. 그는 잘 알아차려야만 합니다. 보통 심판은 검은색 유니폼입니다. 심판의 주된 과제는 팀들이 경기 규칙을 지키도록 하기 위해서 그들을 통제하는 것입니다. 예전에는 만일 경기를 멈춰야만 했다면 심판은 크게 소리를 질렀습니다. 후에는 이미 호루라기가 등장했습니다.

오늘날 축구는 엄청 유명한 스포츠 종목입니다. 그래서 지금 매 4년마다 전 세계적으로 월드컵이(세계 파이널 챔피언 경기가) 진행되고 있습니다. [3] 월드컵은 국제 경기입니다. 이는 전 세계에서 가장 사랑받고 가장 유명한 행사입니다. 많은 축구 선수들과 응원가들은 이 행사를 엄청 기다리고 있습니다.

> [4] 제 21회 월드컵은 2018년 러시아에서 진행되었습니다. 러시아는 최초로 월드컵의 주최국이 되었습니다. 월드컵은 러시아 11개 도시 12개 경기장에서 진행되었습니다. 첫 번째 월드컵 경기는 바로 러시아 그곳에서 6월 14일에 진행되었습니다. 경기에는 32개의 팀이 참가했습니다.
>
>   어떤 월드컵이든 경기를 각인시킬 수 있도록 만드는 자신만의 상징이 있습니다. [5] 러시아 월드컵의 마스코트는 늑대 '자비바카'가 되었습니다.

1. 축구는 _____ 스포츠 종목입니다.

    (А) 혼자 하는

    (Б) 팀으로 하는

    (В) 평범하지 않은

정답 (Б) командный

2. 예전에는 사람들이 공을 _____ 만들었습니다.

    (А) 다양한 재료로

    (Б) 가죽으로

    (В) 나무로

정답 (А) из разных материалов

3. 월드컵은 매 4년 마다 _____ 진행됩니다.

    (А) 축구 선수만을 위해

    (Б) 축구 선수, 축구 팬 모두를 위해

    (В) 러시아 국민을 위해

정답 (Б) и для футболистов, и для фанатов футбола

4. 2018년에 _____ 월드컵 개최국이었습니다.

    (А) 프랑스가

    (Б) 영국이

    (В) 러시아가

정답 (В) Россия

5. 러시아 월드컵의 상징은 _____ 였습니다.

    (A) 축구

    (Б) 늑대

    (В) 공

정답 (Б) волк

☑ 듣기 스크립트

---

[1] Дорогие друзья, добро пожаловать во вторую столицу России! Я хочу рассказать вам об этом великолепном городе и его пригородах.

Санкт-Петербург – один из самых красивых городов мира. Он находится на северо-западе России. В городе много интересных мест и достопримечательностей. Но достопримечательностями Санкт-Петербурга также являются и его пригороды. Это Петергоф, Павловск и Царское село.

Петергоф – это столица фонтанов и золотых парков. Он находится в 29 километрах от Санкт-Петербурга. [2] Фонтаны – главный символ Петергофа. В городе их около ста, простые и сложные, маленькие и большие, смешные и величественные. Красоту Петергофа трудно выразить словами. Этот город обязательно надо посетить, если вы приехали в Санкт-Петербург.

[3] Царское село – это место, где жила императорская семья и учился великий русский поэт – Александр Сергеевич Пушкин. Петру I очень нравилось это красивое место. И он подарил этот огромный участок своей любимой жене. С того момента начали строить красивые дворцы и парки. [4] Сейчас Царское село носит название «Пушкин». Новое имя город получил в год столетия со дня смерти поэта А. С. Пушкина.

Небольшой городок Павловск очень известен среди любителей русской истории. Гордость города Павловска – это Большой Павловский дворец. Это строгое элегантное здание жёлтого цвета, поэтому многие туристы очень любят этот уникальный дворец. [5] Во время Великой Отечественной войны Павловск сильно пострадал. Но к счастью, потом он был восстановлен.

Эти пригороды Санкт-Петербурга стоит посмотреть хотя бы раз в жизни. Они принимают тысячи туристов со всего света. Я хочу, чтобы вы тоже посетили эти прекрасные города.

---

[1] 친애하는 친구 여러분, 러시아의 두 번째 수도에 오신 것을 환영합니다! 나는 여러분들께 이 웅장한 도시와 그 주변 도시들에 대해 얘기해 주고 싶습니다.

상트페테르부르크는 세계의 가장 아름다운 도시 중 하나입니다. 그곳은 러시아 북서쪽에 위치하고 있습니다. 도시에는 많은 흥미로운 장소들과 명승고적들이 있습니다. 하지만 그 주변 도시 또한 상트페테르부르크의 명소입니다. 이는 페테르고프, 파블롭스크, 황제 마을입니다.

페테르고프는 분수와 황금빛 공원의 수도입니다. 그곳은 상트페테르부르크에서 29km 떨어진 곳에 위치하고 있습니다. [2] 분수는 페테르고프의 주된 상징입니다. 도시에는 평범하거나 복잡한 것, 작거나 큰 것, 우스꽝스럽거나 위대한 모양의 분수가 약 100여 개 정도 있습니다. 페테르고프의 아름다움을 말로써 표현하기는 어렵습니다. 만일 여러분이 상트페테르부르크에 오셨다면 이 도시를 반드시 방문해야 할 필요가 있습니다.

³ 황제 마을은 황족들이 살았고, 위대한 러시아의 시인 알렉산드르 세르게예비치 푸시킨이 공부했던 장소입니다. 표트르 1세는 이 아름다운 장소가 엄청 마음에 들었습니다. 그래서 그는 이 거대한 부지를 그의 사랑하는 아내에게 선물했습니다. 그 순간부터 아름다운 궁전과 공원을 만들기 시작했습니다. ⁴ 지금 황제 마을은 '푸시킨'이라는 명칭을 쓰고 있습니다. 도시는 시인 푸시킨 사후 100년이 되었을 때 새로운 이름을 받았습니다.

크지 않은 소도시인 파블롭스크는 러시아 역사 애호가들 사이에서 아주 잘 알려져 있습니다. 파블롭스크 시의 자랑은 '볼쇼이 파블롭스크 궁전'입니다. 이것은 노란색의 엄격한 고풍스러운 건물입니다. 그래서 많은 관광객들이 이 독특한 궁전을 엄청 좋아합니다. ⁵ 대조국전쟁(독소전쟁, 제2차 세계대전 중 독일과 소련 사이에 발발한 전쟁) 때 파블롭스크는 심하게 고통을 받았습니다. 하지만 다행히도 후에 그는 복구되었습니다.

상트페테르부르크의 이 교외 도시들은 살면서 단 한 번이라도 봐야 할 가치가 있습니다. 그들은 전 세계로부터 수천 명의 관광객들을 받아들이고 있습니다. 나도 여러분들 또한 이 훌륭한 도시들을 방문하기를 바랍니다.

1. 여러분은 _____ 들었습니다.

(А) 라디오 방송을

(Б) 가이드의 안내를

(В) 강연을

정답 (Б) сообщение гида

2. 페테르고프의 주된 상징은 _____입니다.

(А) 공원

(Б) 궁전

(В) 분수

정답 (В) фонтаны

3. 푸시킨이 공부를 했던 도시는 _____ 입니다.

(А) 페테르고프

(Б) 황제 마을

(В) 파블롭스크

정답 (Б) Царское село

4. 황제 마을은 _____ 기리기 위해 새로운 명칭을 받았습니다.

   (А) 푸시킨을

   (Б) 표트르 1세를

   (В) 파벨 1세를

   정답 (А) Пушкина

5. 전쟁 때 도시 _____ 가 심하게 고통을 받았습니다.

   (А) 페테르고프

   (Б) 황제 마을

   (В) 파블롭스크

   정답 (В) Павловск

✅ 듣기 스크립트

Дмитрий Иванович Менделеев – известный русский учёный, химик. Он родился в Тобольске 27 января 1834 года. У него в семье было очень много детей. [1] Он был 17(семнадцатым) сыном в семье.

В детстве Дмитрий Менделеев очень плохо учился. Он был очень ленивым. Но благодаря матери он изменился. [2] Его мать очень старалась, чтобы он получил хорошее образование. Она даже переехала в Санкт-Петербург, ради сына. [3] Благодаря усилиям матери он с успехом окончил педагогический институт Петербурга, физико-математический факультет. После окончания университета Менделеев начал преподавать в гимназии, потом он начал преподавать в Императорском Санкт-Петербургском университете.

[4] В 1971 году Менделеев открыл периодический закон химических элементов, который сейчас изучают во всех школах. Над своей системой Менделеев работал с 1869 по 1900 год. И он так и не был удовлетворён своим трудом до конца.

Менделеев занимался не только химией, а также физикой, экономикой и педагогической деятельностью. За свою жизнь он написал несколько трудов, например «Органическая химия» и «Основы химии». [5] Но конечно главным его достижением является создание периодической таблицы Менделеева. В периодической системе Менделеева есть элемент, названный в честь этого великого учёного. Менделеев очень много сделал для развития химии.

드미트리 이바노비치 멘델레예프는 유명한 러시아의 학자이자 화학자입니다. 그는 토볼스크에서 1834년 1월 27일에 태어났습니다. 그의 가족에게는 아이가 엄청 많았습니다. [1] 그는 가족 내에서 열일곱 번째 아들이었습니다.

어릴 때 드미트리 멘델레예프는 공부를 엄청 못했습니다. 그는 엄청 게을렀습니다. 하지만 어머니 덕분에 그는 바뀌었습니다. [2] 그의 어머니는 그가 좋은 교육을 받을 수 있도록 항상 노력했습니다. 그녀는 심지어 아들을 위해 상트페테르부르크로 이사를 갔습니다. [3] 어머니의 노력 덕분에 그는 성공적으로 페테르부르크 사범 대학교 물리 수학과를 졸업했습니다. 대학교 졸업 후에 멘델레예프는 고등학교에서 가르치기 시작했고, 그 후에 그는 상트페테르부르크 황립 대학교에서 가르치기 시작했습니다.

[4] 1971년에 멘델레예프는 지금 모든 학교에서 배우고 있는 화학 원소 주기율표를 만들었습니다. 멘델레예프는 1869년부터 1900년까지 자신의 표 작업을 했습니다. 그리고 그는 끝까지 자신의 작업에 만족하지 않았습니다.

멘델레예프는 화학뿐만 아니라 물리학, 경제학을 공부했고 교육 활동까지 했습니다. 자신의 일생 동안 그는 예를 들어 ≪유기 화학≫, ≪화학의 기초≫와 같은 몇 가지 저서를 썼습니다. [5] 하지만 물론 그의 가장 주된

성과는 멘델레예프의 주기율표를 만든 것입니다. 멘델레예프의 주기율표에는 이 위대한 학자를 기리기 위해 이름 지어진 원소도 있습니다. 멘델레예프는 화학의 발전을 위해 엄청 많은 것을 했습니다.

1. 멘델레예프는 가족 중 _____ 아이였습니다.

　(А) 일곱 번째

　(Б) 열일곱 번째

　(В) 칠십 번째

　정답 (Б) семнадцатым

2. 멘델레예프의 어머니는 _____ 상트페테르부르크로 이사를 했습니다.

　(А) 돈을 벌기 위해서

　(Б) 멘델레예프가 대학교에서 가르칠 수 있도록 하기 위해

　(В) 멘델레예프가 좋은 교육을 받도록 하기 위해

　정답 (В) чтобы Менделеев получил хорошее образование

3. _____ 멘델레예프는 노력하는 학생이 되었고 훌륭하게 학업을 마쳤습니다.

　(А) 자신 덕분에

　(Б) 어머니 덕분에

　(В) 선생님 덕분에

　정답 (Б) Благодаря матери

4. 멘델레예프는 _____ 만들었습니다.

　(А) 화학 원소 주기율표를

　(Б) 그의 이름을 따서 지은 원소를

　(В) 학교를

　정답 (А) периодический закон химических элементов

5. _____ 멘델레예프 인생에서 가장 주된 업적이 되었습니다.

　(А) 학교 개교가

　(Б) 화학 원소를 만든 것이

　(В) 주기율표를 만든 것이

　정답 (В) создание периодической таблицы

🐮 듣기 스크립트

Дмитрий Дмитриевич Шостакович - известный русский композитор, педагог.

В детстве Шостакович серьёзно увлёкся музыкой. Семья Шостаковича была очень музыкальной. Мама будущего композитора была талантливой пианисткой и давала уроки фортепианной игры. А отец, несмотря на серьёзную профессию инженера, просто обожал музыку и сам немного пел. Поэтому в доме Шостаковича всегда играла музыка. [1]Первым его преподавателем была мать. Она научила своего сына играть на музыкальных инструментах. Это сыграло огромную роль в его развитии как личности и настоящего музыканта.

[2/3]Когда ему было 18 лет, он сочинил свою первую симфонию. Она стала его дипломной работой. В 1926 году эта симфония была исполнена на большой сцене в Ленинграде. [3]А ещё через несколько лет её исполняли в концертных залах Америки и Германии. Это был невероятный успех.

Вторая, Третья, Четвёртая симфонии, опера «Леди Макбет Мценского уезда» очень отличались между собой. Пятая симфония особо понравилась советской власти. С 1937 года композитор стал преподавать в Ленинградской консерватории и через два года стал профессором.

В 1940 году композитор начал работу над Седьмой - самой известной симфонией. Для Шостаковича эта симфония имела особое значение. Во время войны она должна была вызвать дух патриотизма и желание бороться. [4]Когда Ленинград находился в блокаде, по радио передавали Седьмую симфонию Шостаковича. Жители Ленинграда слушали эту симфонию, и смогли защитить свой город от врагов.

[5]Шостакович не просто известный русский композитор, он создатель русской души. Поэтому до сих пор многие считают его композитором-патриотом.

드미트리 드미트리예비치 쇼스타코비치는 유명한 러시아의 작곡가이자 교육자입니다.

어릴 때 그는 음악에 완전 몰두해 있었습니다. 쇼스타코비치의 가족은 엄청 음악적인 가족이었습니다. 미래 작곡가의 어머니는 재능 있는 피아니스트였고 피아노 연주 수업을 했습니다. 반면 아버지는 엔지니어라는 진중한 직업을 가졌음에도 불구하고 음악을 매우 좋아했고 직접 노래도 부르곤 했습니다. 그래서 쇼스타코비치의 집에서는 항상 음악이 연주되었습니다. [1]그의 첫 번째 선생님은 어머니였습니다. 그녀는 자신의 아들에게 악기를 연주하는 법을 가르쳐 주었습니다. 이것은 개인으로서 그의 발전과 진정한 음악가로서의 그의 발전에 큰 역할을 수행했습니다.

[2/3]그가 18살이었을 때, 그는 자신의 첫 번째 교향곡을 작곡했습니다. 이 교향곡은 그의 졸업 작품이 되었습니다. 1926년 이 교향곡은 레닌그라드 '볼쇼이 무대'에서 연주되었습니다. [3]또한 몇 년 후에 미국과 독일의 콘

서트 홀에서 이를 연주했습니다. 이것은 믿을 수 없는 성공이었습니다.

교향곡 2번, 3번, 4번과 '므첸스크의 맥베스 부인'이라는 오페라는 엄청 훌륭했습니다. 교향곡 5번은 특히 소비에트 정권의 마음에 들었습니다. 1937년부터 작곡가는 레닌그라드 음악원에서 가르치기 시작했고, 2년 후에 교수가 되었습니다.

1940년 작곡가는 가장 유명한 교향곡 7번 작업을 시작했습니다. 쇼스타코비치에게 이 교향곡은 특별한 의미를 가지고 있었습니다. 전쟁 때 이 교향곡은 애국심과 투쟁하고자 하는 바람을 불러 일으켜야만 했습니다. [4] 레닌그라드가 봉쇄됐을 때, 라디오로 쇼스타코비치의 교향곡 7번을 전달해 주었습니다. 레닌그라드의 주민들은 이 교향곡을 듣고 적들로부터 자신의 도시를 지킬 수가 있었습니다.

[5] 쇼스타코비치는 단순히 유명한 러시아의 작곡가만은 아닙니다. 그는 러시아 영혼의 창조자입니다. 그래서 아직까지 많은 사람들이 그를 애국 작곡가로 여기곤 합니다.

1. 쇼스타코비치의 어머니는 _____이었습니다.

(А) 그의 첫 번째 음악 선생님

(Б) 그의 첫 번째 제자

(В) 그의 최고의 친구

정답 (А) его первым преподавателем музыки

2. 쇼스타코비치는 그가 _____이었을 때 자신의 첫 번째 교향곡을 작곡했습니다.

(А) 14살

(Б) 16살

(В) 18살

정답 (В) 18 лет

3. 미국과 독일의 무대에서는 _____ 연주했습니다.

(А) 쇼스타코비치 교향곡 1번을

(Б) 쇼스타코비치 교향곡 5번을

(В) 쇼스타코비치 교향곡 7번을

정답 (А) Первую симфонию Шостаковича

4. _____ 라디오로 교향곡 7번을 전달해 주었습니다.

　(A) 레닌그라드 주민들이 적들을 이겼을 때

　(Б) 레닌그라드가 봉쇄당했을 때

　(В) 쇼스타코비치가 교향곡을 작곡했을 때

　정답 (Б) когда Ленинград был в блокаде

5. 텍스트 내용에 _____라는 제목이 가장 잘 어울립니다.

　(A) '쇼스타코비치의 음악적인 재능'

　(Б) '러시아 애국 작곡가, 쇼스타코비치'

　(В) '쇼스타코비치의 유명한 교향곡'

　정답 (Б) «Русский композитор-патриот, Шостакович»

✅ 듣기 스크립트

Мария Шарапова самая известная теннисистка в истории. Она родилась в городе Нягань в Сибири 19 апреля 1987 года. Мария Шарапова начала заниматься теннисом очень рано. В 4 года девочка уже умела держать в руках ракетку. [2] Есть информация, что первую ракетку будущей чемпионке подарил сам Евгений Кафельников. Отец легендарного российского теннисиста дружил с её отцом.

С детства Мария Шарапова удивляла всех своим талантом к теннису. [1] Когда Марии было 6 лет, она встретилась с известной американской теннисисткой Мартиной Навратиловой. Она давала маленькой девочке уроки тенниса во время визита в Москву. [1] Навратилова, увидев способности маленькой Шараповой, пригласила её в теннисную академию Ника Боллетьери в Америке, где занимаются талантливые дети.

После переезда в США Марии Шараповой было очень тяжело. График занятий спортом был ужасным. [3] Она с утра до вечера тренировалась без перерыва. Но она выдержала. Она привыкла к бесконечным занятиям и тяжёлым физическим нагрузкам. Благодаря таким усилиям Мария Шарапова наконец стала чемпионом мира. Она много раз выигрывала на соревнованиях и получала медали и награды.

[4] Журнал «Форбс» включил Марию Шарапову в список «100 самых влиятельных мировых знаменитостей». В то время Мария Шарапова была единственной россиянкой в этом списке. Она также была включена в список самых высокооплачиваемых спортсменов.

[5] Это неудивительно. Мария Шарапова очень старалась, и почти на каждом соревновании добивалась успехов. Весь мир говорит о её таланте, о её усилиях. Мария Шарапова – замечательная российская спортсменка, которая принесла своей родине России всемирную славу.

- -

마리아 샤라포바는 역사상 가장 유명한 테니스 선수입니다. 그녀는 시베리아 도시 냐간에서 1987년 4월 19일에 태어났습니다. 마리아 샤라포바는 엄청 일찍부터 테니스를 치기 시작했습니다. 4살 때 소녀는 이미 손에 라켓을 잡을 수가 있었습니다. [2] 미래의 챔피언에게 첫 번째 라켓을 예브게니 카펠니코프가 직접 선물했다는 정보가 있습니다. 전설적인 러시아 테니스 선수의 아버지가 그녀의 아버지와 친했습니다.

어릴 때부터 마리아 샤라포바는 자신의 테니스에 대한 재능으로써 모두를 놀라게 만들었습니다. [1] 마리아가 6살이었을 때, 그녀는 유명한 미국의 테니스 선수인 마르티나 나브라틸로바와 만나게 되었습니다. 그녀는 어린 소녀에게 모스크바 방문 때 테니스 수업을 해 주었습니다. [1] 어린 샤라포바의 재능을 봤던 나브라틸로바는 그녀를 재능 있는 아이들이 운동을 하는 미국 닉 볼리티에리 테니스 아카데미로 초대했습니다.

미국으로 이주한 후에 마리아 샤라포바는 엄청 힘들었습니다. 운동 수업표는 끔찍했습니다. [3] 그녀는 아침부터 저녁까지 쉬는 시간도 없이 연습을 했습니다. 하지만 그녀는 참아냈습니다. 그녀는 끝없는 운동과 힘든 신체적 압박에 익숙해졌습니다. 이러한 노력 덕분에 마리아 샤라포바는 마침내 세계 챔피언이 되었습니다. 그녀는 수차례나 경기에서 우승했고, 메달과 상을 받았습니다.

[4]'포브스' 잡지사는 마리아 샤라포바를 '가장 영향력 있는 세계 유명 인사 100인' 목록에 포함했습니다. 그때 마리아 샤라포바는 그 목록에서 유일한 러시아 여성이었습니다. 그녀는 또한 가장 연봉이 높은 운동선수 목록에도 포함되었습니다.

[5]이는 놀랍지 않습니다. 마리아 샤라포바는 엄청 노력했고, 그래서 거의 모든 경기에서 성공에 도달할 수 있었습니다. 전 세계가 그녀의 재능과 그녀의 노력에 대해 이야기하고 있습니다. 마리아 샤라포바는 자신의 조국인 러시아에 전 세계적인 영광을 가져다 준 훌륭한 러시아 운동선수입니다.

1. 그녀가 _____이었을 때, 마리아 샤라포바를 미국으로 초대했습니다.

(А) 4살

(Б) 6살

(В) 8살

정답 (Б) 6 лет

2. 마리아 샤라포바에게 _____ 첫번째 라켓을 선물했습니다.

(А) 아버지가

(Б) 예브게니 카펠니코프가

(В) 마르티나 나브라틸로바가

정답 (Б) Евгений Кафельников

3. 마리아 샤라포바가 미국에서 살았을 때, _____ .

(А) 그녀는 연습을 하지 않았습니다

(Б) 그녀는 열심히 공부했습니다

(В) 그녀는 아침부터 저녁까지 연습을 했습니다

정답 (В) она с утра до вечера тренировалась

4. 마리아 샤라포바는 _____ 유일한 러시아 여성이 되었습니다.

(А) '가장 영향력 있는 세계 유명 인사 100인' 목록에 포함된

(Б) 경기에서 항상 우승했던

(В) 미국으로 초대받았던

정답 (А) которую включили в список «100 самых влиятельных мировых знаменитостей»

5. 마리아 샤라포바는 _____ 뛰어난 테니스 선수가 되었습니다.

   (А) 부모님 덕분에

   (Б) 자신의 노력 덕분에

   (В) 마르티나 나르바틸로바 덕분에

정답 (Б) благодаря своим усилиям

☑ 듣기 스크립트 ①

А: [1] Саша, ты решил, что подарить родителям на Новый год?

Б: Пока нет. Не знаю, что им подарить. [1] Сначала я хотел купить конфеты и вино, но я уже дарил это в прошлом году. В этом году хочу подарить что-нибудь другое.

А: Надо подумать. А как насчёт того, чтобы подарить им красивый букет? Мама очень любит цветы.

Б: Это хорошая идея. А... секунду. [2] Я недавно покупал ей цветы, потому что у неё был день рождения.

А: [3] А если новый чемодан? Они скоро уезжают отдыхать в Америку, а их чемодан совсем старый.

Б: [3] Это отличная идея! Давай пойдём купим чемодан!

А: Давай!

- -

А: [1] 싸샤, 너는 새해 때 부모님께 무엇을 선물할지 정했니?

Б: 아직 아니. 그들에게 무엇을 선물해야 할지 모르겠어. [1] 처음에는 초콜릿과 와인을 사고 싶었는데, 그건 이미 작년에 선물했어. 올해에는 무엇이든지 다른 것을 선물하고 싶어.

А: 생각을 해 봐야 해. 그들에게 예쁜 꽃다발을 선물하는 건 어때? 엄마는 꽃을 엄청 좋아해.

Б: 좋은 생각이야. 아... 잠시만. [2] 나 얼마 전에 그녀에게 꽃을 사 드렸어. 왜냐하면 그녀의 생일이었거든.

А: [3] 그러면 만일 새로운 캐리어라면? 그들은 곧 미국으로 쉬러 떠나는데, 그들의 캐리어는 완전 오래 됐잖아.

Б: [3] 훌륭한 생각이다! 우리 캐리어 사러 함께 가자!

А: 그러자!

---

1. 싸샤는 부모님에게 초콜릿과 와인을 _____ 사 드렸습니다.

(А) 새해 때

(Б) 생일 때

(В) 성탄절 때

정답 (А) на Новый год

2. 싸샤는 얼마 전에 꽃다발을 샀습니다, 왜냐하면 _____ .

    (А) 엄마가 미국으로 떠나기 때문입니다

    (Б) 엄마 생일이었기 때문입니다

    (В) 얼마 전에 성탄절이었기 때문입니다

  정답 (Б) у мамы был день рождения

3. 싸샤는 새해에 부모님에게 무엇을 선물하고 싶어합니까?

    (А) 초콜릿과 와인

    (Б) 꽃다발

    (В) 새 캐리어

  정답 (В) Новый чемодан

☑️ 듣기 스크립트 ②

А: Здравствуйте, а вы раньше были в Москве?

Б: Я живу в Москве. А что?

А: [1] Просто я еду в Москву первый раз, и очень волнуюсь. Я не знаю, где побывать, что посмотреть и даже где поесть. Вы не могли бы порекомендовать мне интересные места и достопримечательности?

Б: Хорошо. [2] Если вы первый раз едете в Москву, вам обязательно надо пойти на Красную площадь. Можно сказать, это символ России. Там можно увидеть много исторических достопримечательностей.

А: Я много слышал об этой площади. Обязательно схожу.

Б: [3] Да, а ещё там есть большой торговый центр, который называется «Охотный ряд». Вы можете купить там сувениры и поесть вкусную еду.

А: О, спасибо вам большое. Очень полезная информация.

Б: Не за что. Счастливого вам путешествия!

- -

А: 안녕하세요, 당신은 예전에 모스크바에 다녀온 적이 있나요?

Б: 나는 모스크바에 살고 있어요. 왜요?

А: [1] 그저 나는 모스크바에 처음 가는 거라 엄청 긴장돼요. 나는 어디를 방문하고, 무엇을 봐야 하고, 심지어는 어디에서 먹어야 할지도 몰라요. 당신은 나에게 흥미로운 장소나 명승고적을 추천해 줄 수 있나요?

Б: 좋아요. ²만일 당신이 모스크바에 처음 간다면, 당신은 반드시 붉은 광장에 가야 해요. 이것은 러시아의 상징이라고 말할 수 있어요. 거기에서는 많은 역사적인 명승고적들을 볼 수 있어요.

А: 나는 이 광장에 대해서 많이 들어 봤어요. 꼭 들를게요.

Б: ³네, 또한 거기에는 'Охотный ряд'이라고 불리는 큰 쇼핑센터가 있어요. 당신은 거기서 기념품을 살 수도 있고 맛있는 음식을 먹을 수도 있어요.

А: 오, 진짜 감사해요. 엄청 유용한 정보예요.

Б: 별 말씀을요. 행복한 여행 되길 바라요!

1. 남자는 여자에게 모스크바에 대해 물어봤습니다. 왜냐하면 _____ .

(А) 그는 러시아의 역사에 대해서 아는 것이 흥미롭기 때문입니다

(Б) 그는 모스크바에 처음 가는 것이기 때문입니다

(В) 그는 모스크바를 잘 알기 때문입니다

정답 (Б) он первый раз едет в Москву

2. 여자는 남자에게 _____ 가라고 추천했습니다.

(А) 모스크바로

(Б) 시장으로

(В) 붉은 광장으로

정답 (В) на Красную площадь

3. 쇼핑 센터에서는 기념품을 살 수 있고 _____ .

(А) 명승고적을 볼 수 있습니다

(Б) 맛있는 음식을 먹을 수 있습니다

(В) 붉은 광장을 볼 수 있습니다

정답 (Б) поесть вкусную еду

듣기 영역 12

☑ 듣기 스크립트 ①

A: Таня, ты видела нашего нового учителя русского языка?

Б: Пока нет, Антон. А что, Александр Михайлович больше не работает?

A: К сожалению, да. [1] Он сильно заболел, и решил отдохнуть в этом году.

Б: Жаль. А как новый учитель? Хороший?

A: Да, кажется, он нормальный, опытный. [2] Говорят, что он преподаёт иностранцам русский язык уже больше 20 лет.

Б: И правда, у него огромный опыт. Я очень хочу послушать его уроки.

A: Я тоже. [3] С нетерпением жду первого урока.

A: 타냐, 너 우리 새로운 러시아어 선생님 봤니?

Б: 아직 아니, 안톤. 그런데 뭐야, 알렉산드르 미하일로비치 씨는 더 이상 일 안 하는 거야?

A: 유감스럽게도, 그래. [1] 그는 심하게 아팠고, 그래서 올해는 쉬기로 정했어.

Б: 안타깝다. 그래서 새로운 선생님은 어때? 좋아?

A: 응, 그는 무난하고 노련해 보여. [2] 그는 외국인들에게 러시아어를 이미 20년 이상 가르치고 있다고 하더라.

Б: 진짜로 그는 엄청난 경력이 있네. 나 그의 수업을 엄청 듣고 싶어.

A: 나도 그래. [3] 참을성 없이 첫 번째 수업을 기다리는 중이야.

---

1. 알렉산드르 미하일로비치 씨는 올해 일을 안 합니다. 왜냐하면 _____ .

(А) 그가 심하게 아팠기 때문입니다.

(Б) 그가 일하기를 원하지 않기 때문입니다

(В) 그는 단순히 쉬기를 원하기 때문입니다

정답 (А) он сильно заболел

2. 새로운 선생님은 러시아어를 _____ 가르치고 있습니다.

   (А) 10년 이상

   (Б) 20년 이상

   (В) 30년 이상

   정답 (Б) больше 20 лет

3. 안톤은 참을성 없이 _____ 기다리고 있습니다.

   (А) 휴식을

   (Б) 새로운 선생님의 수업을

   (В) 외국인들을

   정답 (Б) урока нового учителя

✅ 듣기 스크립트 ②

А: Илья, куда ты собираешься поехать в отпуск?

Б: [1] В Японию. Я давно хотел поехать в эту экзотическую страну. Я раньше никогда не был в Азии. А ты куда, Вера?

А: Круто! Я пока не решила. [2] Я хочу поехать или в Испанию, или во Францию. Жаль, что нельзя поехать сразу в обе страны.

Б: [3] Мне кажется, лучше поехать в Испанию. Сейчас во многих городах Испании проходит фестиваль Фламенко. Наверное, это очень весело!

А: Правда? Я не знала об этом. Тогда поеду в Испанию. Я очень люблю танцы.

А: 일랴, 너는 휴가 때 어디로 갈 예정이니?

Б: [1] 일본으로. 나는 오래 전부터 이 이국적인 나라에 가고 싶었어. 나는 예전에 단 한 번도 아시아에는 갔다 와 본 적이 없어. 그러는 너는, 베라?

А: 훌륭해! 나는 아직 결정을 못 했어. [2] 나는 스페인 아니면 프랑스에 가고 싶어. 두 나라 모두 바로 갈 수 없 다는 게 아쉬워.

Б: [3] 내 생각에는 스페인이 더 좋을 것 같아. 지금 스페인의 많은 도시에서 플라멩코 축제가 진행되고 있어. 아마, 엄청 즐거울 거야!

А: 진짜? 나는 이것에 대해 몰랐어. 그러면 스페인으로 갈래. 나는 춤을 엄청 좋아해.

1. 일랴는 휴가 때 _____ 가고 싶어합니다.

   (А) 일본으로

   (Б) 스페인으로

   (В) 프랑스로

   정답 (А) в Японию

2. 베라는 _____ 가고 싶어합니다.

   (А) 스페인 아니면 프랑스로

   (Б) 일본으로

   (В) 스페인만

   정답 (А) или в Испанию, или во Францию

3. 일랴는 베라에게 스페인으로 가라고 조언했습니다. 왜냐하면 _____ .

   (А) 그곳은 항상 즐겁기 때문입니다

   (Б) 거기에는 지금 플라멩코 축제가 있기 때문입니다

   (В) 그가 플라멩코를 엄청 좋아하기 때문입니다

   정답 (Б) там сейчас фестиваль фламенко

☑️ 듣기 스크립트 ①

A: Привет, Катя!

Б: О, Коля, привет! Как дела?

A: Я хорошо, а ты как? Куда едешь?

Б: [1]Я собираюсь в Исторический музей, жду 15(пятнадцатый) автобус. А ты?

A: А я домой. [2]В этом районе живёт моя бабушка. Я приезжал её навестить.

Б: Правда? Не знала.

A: [2]Она недавно сюда переехала.

Б: Ей здесь нравится?

A: Очень, самое главное, всё находится недалеко от дома.

Б: С этим я согласна. Ой, мой автобус едет. [3]Не хочешь поехать со мной в музей?

A: Давай, я буду очень рад составить тебе компанию!

Б: Тогда побежали!

- -

A: 까쨔, 안녕!

Б: 오, 꼴랴, 안녕! 어떻게 지내?

A: 나는 좋지, 그러는 너는 어때? 어디로 가는 길이야?

Б: [1]나는 역사 박물관에 가려고 해. 15번 버스를 기다리고 있어. 그러는 너는?

A: 나는 집으로. [2]이 동네에 나의 할머니가 살고 계셔. 나는 그녀를 병문안 하러 왔다 가는 길이야.

Б: 진짜? 몰랐어.

A: [2]그녀는 얼마 전에 여기로 이사 왔어.

Б: 그녀에게 여기가 마음에 드니?

A: 엄청. 가장 중요한 점은 집에서 멀지 않은 곳에 모든 것이 있다는 거야.

Б: 나도 거기에 동의해. 오, 내 버스가 오고 있어. [3]나와 박물관에 함께 가지 않을래?

A: 그러자, 너랑 같이 놀면(너와 같은 모임을 만든다면) 기쁠 것 같아!

Б: 그러면 뛰자!

---

1. 까짜는 _____ 갑니다.

    (А) 집으로

    (Б) 할머니 댁으로

    (В) 역사 박물관으로

    정답 (В) в Исторический музей

2. 꼴랴의 할머니는 얼마 전에 _____ .

    (А) 이사했습니다

    (Б) 역사 박물관을 방문했습니다

    (В) 집에 도착했습니다

    정답 (А) переехала

3. 까짜는 꼴랴에게 _____ 제안했습니다.

    (А) 할머니 병문안 가자고

    (Б) 함께 집에 가자고

    (В) 함께 박물관에 가자고

    정답 (В) вместе поехать в музей

☑ 듣기 스크립트 ②

А: Мама, что у нас сегодня на ужин?

Б: Пока не знаю. [1]Я хотела приготовить рыбу, но рыбный отдел сегодня не работает.

А: Тогда давай сходим в мясной отдел.

Б: Ты хочешь мясо?

А: [2]Да, очень хочу котлеты. И ещё картофельное пюре.

Б: Тогда нам надо купить килограмм картошки и пакет молока.

А: Ещё папа говорил, что дома нет сыра и колбасы.

Б: Я уже взяла. Ты ничего не хочешь?

А: [3]А можно мне одну плитку шоколада?

Б: [3]Ну ладно, тогда брату тоже выбери.

А: Спасибо, мама!

Б: Не за что, милый. Ну всё, вроде мы ничего не забыли. Пойдём к кассе.

А: Пойдём!

А: 엄마, 오늘 우리 저녁 식사는 뭐야?

Б: 아직 몰라. [1] 나는 생선을 요리하고 싶었는데, 오늘 생선 코너가 운영을 안 해.

А: 그러면 고기 코너에 다녀와 보자.

Б: 너는 고기를 먹고 싶니?

А: [2] 응, 커틀릿을 엄청 원해. 그리고 또 감자 으깬 것도.

Б: 그러면 우리는 감자 1kg과 우유 한 팩을 사야 해.

А: 또 아빠가 집에 치즈와 소시지가 없다고 말했어.

Б: 나는 이미 챙겼어. 너는 아무 것도 원하지 않니?

А: [3] 그러면 나 초콜릿 한 판만 사도 돼?

Б: [3] 그래, 알겠어. 그러면 남동생한테 줄 것도 골라.

А: 고마워, 엄마!

Б: 천만에, 귀여운 아들! 음, 다 됐다! 우리 잊어버린 것은 아무 것도 없는 것 같아. 계산대로 가자.

А: 가자!

1. 엄마는 생선을 요리할 수 없습니다. 왜냐하면 _____ .

   (А) 아들이 생선 먹기를 원하지 않기 때문입니다

   (Б) 아빠가 생선을 싫어하기 때문입니다

   (В) 생선 코너가 운영하지 않기 때문입니다

   정답 (В) рыбный отдел не работает

2. 아들은 _____ 원합니다.

   (А) 커틀릿과 감자 으깬 것을

   (Б) 치즈와 소시지를

   (В) 우유를

   정답 (А) котлеты и картофельное пюре

3. 엄마는 아들에게 _____ 초콜릿 하나를 더 가지고 오라고 말했습니다.

    (А) 아빠를 위해서

    (Б) 엄마를 위해서

    (В) 남동생을 위해서

   정답 (В) и для брата

✅ 듣기 스크립트 ①

А: Максим Матвеев, когда вы решили стать актёром?

Б: Это моя мечта с детства. Моя бабушка очень любит смотреть сериалы. [1] В детстве мы с ней смотрели сериалы каждый день. Когда я увидел, как играют актёры, я тоже захотел стать актёром.

А: А что вы делали, чтобы стать актёром?

Б: Я думаю, что у актёров должен быть красивый голос и хорошее произношение. Если у актёра плохое произношение, его трудно понять. [2] Поэтому я читал сценарии фильмов каждый день и повторял то, что говорили актёры в фильмах.

А: Круто! Я думаю, что благодаря стараниям вы смогли стать известным актёром. А вы можете что-нибудь сказать молодым людям, которые мечтают стать актёрами?

Б: Многие думают, что актёры очень красивые и у них прекрасная жизнь. Но актёры – это не просто красивые и богатые люди. [3] Актёры должны хорошо играть и чувствовать своих героев. Старайтесь стать настоящими актёрами.

А: 막심 마트베예프 씨, 당신은 언제 배우가 되기로 결심하셨습니까?

Б: 이것은 어릴 때부터 저의 꿈입니다. 제 할머니는 드라마 보는 것을 엄청 좋아하십니다. [1] 어릴 때 저는 그녀와 매일 드라마를 시청했습니다. 배우들이 어떻게 연기하는지를 봤을 때 저 또한 배우가 되고 싶었습니다.

А: 그러면 배우가 되기 위해서 당신은 무엇을 했습니까?

Б: 저는 배우에게는 좋은 목소리와 좋은 발음이 있어야만 한다고 생각합니다. 만일 배우가 발음이 좋지 않다면, 그의 말을 이해하는 것은 어렵습니다. [2] 그래서 저는 매일 영화 시나리오를 읽었고 영화에서 배우들이 말한 것을 반복을 했습니다.

А: 대단하네요! 저는 노력 덕분에 당신이 유명한 배우가 될 수 있었다고 생각해요. 그러면 당신은 배우가 되기를 꿈꾸고 있는 젊은이들에게 무엇이든지 얘기해 줄 수 있나요?

Б: 많은 사람들이 배우들은 엄청 아름답고, 훌륭한 인생을 살고 있다고 생각해요. 하지만 배우는 단순히 아름답고 부유한 사람인 것은 아닙니다. [3] 배우는 연기를 잘 해야 하고 자신의 배역을 느낄 수 있어야 합니다. 진정한 배우가 되도록 노력하세요.

1. 막심 마트베예프는 _____ 배우가 되기를 꿈꿨습니다.

   (А) 드라마에서 연기를 했을 때

   (Б) 할머니와 함께 드라마를 시청했을 때

   (В) 우연히 유명한 배우를 마주쳤을 때

   정답 (Б) когда смотрел сериалы с бабушкой

2. 배우가 되기 위해서, 막심 마트베예프는 _____ .

   (А) 매일 영화 시나리오를 읽고 반복했습니다

   (Б) 매일 드라마를 시청했습니다

   (В) 좋은 배우들을 만났습니다

   정답 (А) каждый день читал и повторял сценарии фильмов

3. 막심 마트베예프는 진정한 배우는 _____ 한다고 생각합니다.

   (А) 아름다워야

   (Б) 부유하게 살아야

   (В) 연기를 잘 해야

   정답 (В) хорошо играть

☑ 듣기 스크립트 ②

А: [1] Здравствуйте, я журналист из газеты «Молодёжные новости». Я провожу опрос на тему «Мечта студентов». Вы студентка?

Б: Здравствуйте! Да, я студентка.

А: А можно спросить у вас? Кем вы хотите стать после окончания университета?

Б: Я пока не думала об этом. [2] Сейчас я изучаю русскую литературу в университете, очень интересуюсь русской классикой. [2] Поэтому возможно я поступлю в аспирантуру, буду углублённо изучать литературу. И потом, может быть, я стану профессором.

А: Молодец! А вы не хотели бы работать в какой-нибудь компании?

Б: Да, конечно, я думала об этом. [3] Возможно я буду работать литературным критиком в журналах. Я очень люблю писать статьи о литературных произведениях.

А: Круто! Спасибо вам огромное за интервью. Удачи вам!

A: ¹안녕하세요, 저는 '젊은이들의 뉴스' 신문사의 기자입니다. 저는 지금 '대학생들의 꿈'이라는 주제로 설문 조사를 진행하고 있습니다. 당신은 대학생입니까?

Б: 안녕하세요! 네, 저는 대학생입니다.

A: 그러면 당신에게 물어봐도 될까요? 당신은 졸업 후에 어떤 사람이 되고 싶나요?

Б: 저는 아직까지 이것에 대해서 생각을 안 해 봤어요. ²지금 저는 대학교에서 러시아 문학을 배우고 있고, 러시아 고전에 엄청 흥미가 있어요. ²그래서 저는 대학원에 입학을 해서 문학을 심도 있게 배울 수도 있을 것 같아요. 그리고 이후에는 아마도 교수가 되겠죠.

A: 대단하네요! 그러면 당신은 어떤 곳이든지 회사에서는 일하고 싶지 않나요?

Б: 네, 당연하죠, 이것에 대해서 생각해 봤어요. ³저는 잡지사에서 문학 평론가로 일할 수 있을 것 같아요. 저는 문학 작품에 대한 기사 쓰는 것을 엄청 좋아해요.

A: 훌륭해요! 인터뷰에 대해서 당신께 매우 고마워요. 행운을 빌어요!

---

1. 당신은 _____ 들었습니다.

(A) 기사를

(Б) 이야기를

(В) 인터뷰를

정답 (В) интервью

---

2. 여학생은 대학에서 러시아 문학을 배우고 있고 _____ 원합니다.

(A) 대학원에 입학하기를

(Б) 도서관에서 일하기를

(В) 어떤 곳이든 회사에서 일하기를

정답 (A) поступить в аспирантуру

---

3. 여학생은 작품에 대한 기사 쓰는 것을 좋아해서 _____ 일하기를 원합니다.

(A) 기자로

(Б) 교수로

(В) 잡지사에서 문학 평론가로

정답 (В) литературным критиком в журналах

✅ 듣기 스크립트 ①

> Новинка от Анны Медведевой, лучшей модной писательницы России!
>
> Это фантастический роман, который с нетерпением ждали многие!
>
> Роман уже можно купить в любых книжных магазинах.
>
> Спешите приобрести новинку!
>
> --
>
> 러시아 최고 세련된 작가, 안나 메드베데바의 신작!
>
> 이것은 많은 사람들이 참을성 없이 기다려 왔던 판타지 소설입니다!
>
> 소설은 이미 어느 서점에서나 구매하실 수 있습니다.
>
> 신작 구매를 서두르세요!

– 이것은 _____ 광고입니다.

(А) 새로운 소설의

(Б) 여성 작가의

(В) 서점의

정답 (А) нового романа

✅ 듣기 스크립트 ②

> Новый итальянский ресторан на Невском проспекте.
>
> Романтичная атмосфера, вкусные блюда и отличное обслуживание ждут вас.
>
> Прекрасное место для встреч и свиданий.
>
> Красивый вид из окна.
>
> Заранее забронируйте столик и получите скидку.
>
> --
>
> 넵스키 대로에 새로운 이탈리아 레스토랑.
>
> 로맨틱한 분위기, 맛있는 요리 그리고 훌륭한 서비스가 당신을 기다리고 있습니다.

> 만남과 데이트를 위한 훌륭한 장소.
>
> 창문으로부터 아름다운 풍경.
>
> 미리 테이블을 예약하시고 할인을 받으세요.

– 이것은 _____ 광고입니다.

   (А) 로맨틱한 데이트의

   (Б) 넵스키 대로의 훌륭한 풍경

   (В) 새로운 레스토랑의

정답 (В) нового ресторана

☑ 듣기 스크립트 ③

> Внимание!
>
> В связи с реконструкцией университета лекция по современной русской живописи будет
>
> в другом здании. Со следующего месяца лекции будут проходить в аудитории номер 503
>
> в главном корпусе университета.
>
> ---
>
>주목하세요!
>
> 대학교 리모델링과 관련해서 현대 러시아 회화 수업이 다른 건물에서 있을 예정입니다.
>
> 다음달부터 강의는 대학교 본관 503호 강의실에서 진행됩니다.

– 다음달부터 학생들은 _____ 강의를 들어야 합니다.

   (А) 지금과 동일한 건물에서

   (Б) 본관에서

   (В) 다른 대학교에서

정답 (Б) в главном корпусе

🔊 듣기 스크립트 ④

> Уважаемые пассажиры. Наш трамвай по техническим причинам идёт только до станции «Арбатская». Просим вас освободить вагоны. Пассажиры, которые хотят добраться до станции «Охотный ряд», должны пересесть в другой трамвай или сделать пересадку на станции «Арбатская».
>
> ------
>
> 존경하는 승객 여러분. 우리 전차는 기술적인 원인 때문에 'Арбатская'역까지만 갑니다. 여러분께 기차에서 내려 주시길(기차를 자유롭게 해 주시길) 부탁드립니다. 'Охотный ряд'역까지 가기를 원하는 승객분은 다른 전차로 환승하거나 'Арбатская'역에서 환승을 해야 합니다.

– 승객들은 _____ 내려야 합니다.

    (А) 'Охотный ряд'역에서

    (Б) 'Арбатская'역에서

    (В) 다음 역에서

    정답 (Б) на станции «Арбатская»

🔊 듣기 스크립트 ⑤

> Президент Российской Федерации прибудет с визитом в Республику Корея. Это будет его первый официальный визит в Сеул. Президент РФ будет находиться в Корее в течение 3 дней. В ходе этого визита он собирается посетить лучшие корейские предприятия.
>
> ------
>
> 러시아 연방 대통령이 한국을 방문할 예정입니다. 이것은 그의 첫 번째 공식 서울 방문입니다. 러시아 연방 대통령은 한국에 3일 동안 체류할 예정입니다. 이 방문 때 그는 최고의 한국 기업들을 방문할 계획입니다.

– 이것은 러시아 연방 대통령의 _____ 방문입니다.

    (А) 첫 번째 공식

    (Б) 두 번째 공식

    (В) 첫 번째 사적인

    정답 (А) первый официальный

문제 1~6번. 텍스트를 잘 듣고 관련 문제를 풀어 보세요.

듣기 스크립트

Здравствуйте! Меня зовут Лена. Я хочу рассказать вам о своей семье. У нас в семье 5 человек – папа, мама, 2 старших брата и я. [1] Моя семья живёт в Екатеринбурге. Екатеринбург – небольшой, но очень красивый и гостеприимный город. [6] Все члены моей семьи, особенно родители, очень любят свой родной город, гордятся им и часто приглашают к себе гостей. Папа и мама всегда благодарны за то, что мы можем жить в таком прекрасном и спокойном месте.

Мой папа – художник. Он рисует природные пейзажи. Он очень талантливый мастер, поэтому его нередко приглашают на выставки в разные точки мира. [2] А ещё он часто ездит по разным городам России, чтобы найти живописные места для своих произведений. Раньше из-за этого его часто не было дома. Конечно, в детстве мне очень не нравилось, что он слишком редко проводит с нами время. Но теперь, когда я стала взрослой, я наконец понимаю его. Хотя папы часто не было рядом с нами, он любит свою семью и старается ради нас. Мы все гордимся им и всегда ходим в галерею смотреть его картины.

А моя мама – домохозяйка. Из-за того, что папы часто не было дома, мама заботилась о нас одна. [4] Она хотела, чтобы её дети выросли добрыми людьми, которые знают, что такое любовь. Для неё это самое важное. Благодаря маме мы выросли хорошими людьми.

Мама занимается всеми домашними делами – не только соблюдает чистоту в нашей квартире, но и очень вкусно готовит. [3] Яблочные пироги – это её гордость. На праздники она всегда печёт своё фирменное блюдо.

А ещё мама любит танцевать. Она очень красиво танцует, как настоящая звезда! Раньше папа рассказывал, что влюбился в маму, когда увидел, как она танцует. Он до сих пор иногда просит маму, чтобы она станцевала для нас.

Мои братья – близнецы. Старшего зовут Петя, а младшего – Саша. Они в прошлом году окончили университет и уже начали работать. Петя работает веб-дизайнером, а Саша – программистом. Они с детства оба очень интересуются компьютерами, поэтому решили работать в сфере IT. [5] Через несколько лет мои братья хотят открыть свою собственную компанию, набравшись достаточного опыта работы.

А я – студентка, учусь в МГУ на факультете журналистики. После окончания университета я хочу вернуться в свой родной город. Там я буду работать в редакции газеты.

안녕하세요! 제 이름은 레나입니다. 저는 제 가족에 대해 여러분께 이야기하고 싶어요. 우리 가족은 5명입니다. 아빠, 엄마, 오빠 두 명 그리고 저입니다. [1] 우리 가족은 예카테린부르크에 살고 있습니다. 예카테린부르크는 크지는 않지만, 엄청 아름답고 손님에게 호의적인 도시입니다. [6] 우리 가족의 모든 구성원, 특히 부모님은 자신의 고향 도시를 엄청 사랑하고 자랑스러워하며, 자주 손님들을 자신의 집으로 초대하고는 합니다. 아빠와 엄마는 우리가 이렇게 훌륭하고 평온한 장소에서 살 수 있다는 것에 항상 감사해합니다.

우리 아빠는 화가입니다. 그는 자연 풍경을 그립니다. 그는 매우 유능한 장인이고, 그래서 자주 전 세계 다양한 지역, 전시회로 그를 초대하고는 합니다. [2] 그리고 또한 그는 자신의 작품을 위한 그림 같은 장소를 찾기 위해 러시아 다양한 도시에 자주 다녀오곤 합니다. 예전에는 이러한 이유 때문에 아빠가 집에 자주 없었습니다. 물론 어릴 때는 아빠가 우리와 너무 자주 시간을 보내지 않는다는 것이 싫었습니다. 하지만 성인이 된 지금, 저는 마침내 그를 이해할 수 있습니다. 비록 아빠가 우리 곁에 자주 없었다고 할지라도 자신의 가족을 사랑하고 우리를 위해 노력하고 있습니다. 우리 모두는 아빠가 자랑스럽고, 항상 그의 그림을 보러 갤러리에 다녀오곤 합니다.

우리 엄마는 주부입니다. 아빠가 자주 집에 없었던 것 때문에, 엄마는 혼자서 우리를 돌봤습니다. [4] 그녀는 자신의 아이들이 사랑이 무엇인지를 아는 착한 사람으로 성장하기를 바랐습니다. 그녀에게는 이것이 가장 중요한 것입니다. 엄마 덕분에 우리는 훌륭한 사람으로 성장하였습니다.

엄마는 우리 집을 청결하게 유지하는 것뿐만 아니라, 엄청 맛있게 요리하는 것까지 모든 집안일을 합니다. [3] 사과 파이는 엄마의 자랑거리입니다. 기념일에는 자신의 특제 요리를 항상 굽습니다.

그리고 또한 엄마는 춤추는 것을 좋아합니다. 그녀는 진짜 연예인처럼 엄청 아름답게 춤을 춥니다! 예전에 엄마가 춤을 추는 것을 봤을 때 엄마에게 사랑에 빠졌다고 아빠가 말한 적이 있습니다. 그는 아직까지 가끔 엄마에게 우리를 위해 춤을 춰 달라고 부탁합니다.

우리 오빠들은 쌍둥이입니다. 큰오빠는 페챠이고, 작은오빠는 싸샤입니다. 그들은 작년에 대학교를 졸업했고, 벌써 일하기 시작했습니다. 페챠는 웹 디자이너로 일하고 있고, 싸샤는 프로그래머로 일합니다. 그들은 둘 다 어릴 때부터 컴퓨터에 엄청 관심을 가졌고, 그래서 IT 분야에서 일하기로 결정했습니다. [5] 몇 년 후에 우리 오빠들은 충분한 업무 경력을 쌓고 나서 자신만의 개인 회사를 열고 싶어합니다.

그리고 저는 대학생이고, 모스크바 국립 대학 언론학부에 다니고 있습니다. 대학교 졸업 후 저는 제 고향 도시로 돌아가고 싶습니다. 거기서 저는 신문 편집부에서 일할 것입니다.

1. 레나의 가족은 _____ .

  (А) 예카테린부르크에 살고 있습니다

  (Б) 모스크바에 살고 있습니다

  (В) 자주 다양한 도시로 이사를 다닙니다

정답 (А) живёт в Екатеринбурге

2. 아빠는 자주 집에 없었습니다. 왜냐하면 _____ .

(А) 그는 다양한 도시를 여행하는 것을 좋아했기 때문입니다

(Б) 그는 자신의 그림을 위한 주제를 찾아다녔기 때문입니다

(В) 그는 다양한 국가에서 진행되었던 전시회를 방문하는 것을 좋아했기 때문입니다

정답 (Б) он искал сюжеты для своих картин

3. 가족에게 기념일이 있을 때, _____ .

(А) 엄마는 사랑하는 가족을 위해 춤을 춥니다

(Б) 엄마는 아빠의 그림을 보러 미술관으로 아이들을 데리고 갑니다

(В) 엄마는 맛있는 파이를 요리합니다

정답 (В) мама готовит вкусные пироги

4. 레나의 엄마는 가장 중요한 것은 _____ 생각합니다.

(А) 집을 깨끗하게 유지하는 것이라고

(Б) 맛있는 요리라고

(В) 자신의 아이들의 착한 마음이라고

정답 (В) добрая душа её детей

5. 레나의 오빠들은 열심히 일을 하고, 많은 업무 경력을 쌓고 싶어합니다. 왜냐하면 _____ .

(А) 그들은 컴퓨터를 엄청 좋아하기 때문입니다

(Б) 미래에 그들은 자신의 사업을 하고 싶어하기 때문입니다

(В) 그들은 둘 다 성실하기 때문입니다

정답 (Б) в будущем они хотят заниматься своим бизнесом

6. 레나의 가족은 _____ .

(А) 자신의 고향 도시를 자랑스럽게 여깁니다

(Б) 자신의 고향 도시를 그렇게 좋아하진 않습니다

(В) 곧 모스크바로 이사를 하고 싶어합니다

정답 (А) гордится своим родным городом

☑️ 듣기 스크립트

А: Дима, [7] ты пойдёшь на премьеру нашей любимой балерины?

Б: [7] Что? Юлия Степанова будет выступать в новом спектакле? Ты серьёзно, Лена?!

А: Да! Это её первое выступление на сцене Мариинского театра. [8] Она уже давно не выступала. Ведь после того трагического события во время выступления она покинула труппу Большого театра.

Б: [8/11] Да, я помню, просто ужасно. У неё же сломался большой палец правой ноги. [11] Конечно это повлияло на её карьеру и на её танцы. Но, слава богу, она снова может выступать и мы снова можем наслаждаться её талантом!

А: Согласна. Обязательно надо посмотреть этот спектакль.

Б: Я с удовольствием! Нельзя пропустить такое замечательное событие! [9] Говорят, что танцы Юлии Степановой можно сравнить с танцами нимфы.

А: С этой субботы начинается продажа билетов на сайте! [10] Я попробую купить билеты, но боюсь, что будет слишком много желающих и у меня не получится.

Б: Не волнуйся, Лена! Я тоже попробую. Тогда у нас будет больше шансов, и мы обязательно побываем на выступлении Юлии.

А: 디마, [7] 너 우리가 좋아하는 발레리나 신작 공연에 갈 거니?

Б: [7] 뭐라고? 율리야 스테파노바가 새로운 공연에 출연해? 정말이야, 레나?

А: 응, 마린스키 극장 무대에서 열리는 그녀의 첫 공연이야. [8] 그녀는 이미 오래 전부터 공연하지 않았어. 공연 때 있었던 그 비극적인 사건 후에 그녀는 볼쇼이 극장 극단을 떠났었어.

Б: [8/11] 맞아, 나도 기억해, 정말 끔찍했지. 그녀 왼쪽 엄지 발가락이 부러졌었잖아. [11] 당연히 그녀의 경력과 춤에 영향을 미쳤을 거야. 하지만 다행히 그녀가 다시 공연을 할 수 있고, 우리도 다시 그녀의 재능을 즐길 수 있게 되었어!

А: 동의해. 반드시 이 공연을 봐야 해.

Б: 기꺼이. 이런 훌륭한 행사를 놓칠 수는 없지! [9] 율리야 스테파노바의 춤을 요정의 춤과 비교할 수 있다고들 말하잖아.

А: 이번 주 토요일부터 사이트에서 발레 티켓 판매가 시작돼! [10] 표를 사 보려고 시도할 건데, 원하는 사람이 엄청 많아서 성공 못할까 봐 걱정이야.

Б: 걱정하지 마, 레나! 나도 시도해 볼게. 그러면 우리에겐 더 큰 기회가 있다는 거고, 우리는 반드시 율리야의 공연에 있게 될 거야.

7. 율리야 스테파노바는 누구입니까?

(А) 아마추어(막 시작하는) 발레리나

(Б) 디마와 레나가 아는 발레리나

(В) 디마와 레나가 좋아하는 발레리나

정답 (В) Любимая балерина Димы и Лены.

8. 무엇 때문에 율리야 스테파노바는 오랫동안 춤을 추지 못했습니까?

(А) 그녀는 그저 더 이상 춤을 추고 싶어하지 않았습니다.

(Б) 그녀는 춤출 때 부상을 입었습니다.

(В) 그녀는 자신의 극단을 버렸고, 그래서 다른 극장들이 그녀와 일을 하고 싶어하지 않았습니다.

정답 (Б) Она получила травму, когда танцевала.

9. 많은 발레 애호가들은 _____ 생각합니다.

(А) 율리야 스테파노바는 요정처럼 춤춘다고

(Б) 율리야 스테파노바는 전 세계에서 가장 재능 있는 발레리나라고

(В) 율리야 스테파노바 외에 러시아에는 훌륭한 발레리나가 더 이상 없다고

정답 (А) Юлия Степанова танцует, как нимфа

10. 화자 중 한 명은 _____ 두려워합니다.

(А) 모든 티켓이 이미 다 매진되었다는 것을

(Б) 율리야 스테파노바가 더이상 공연하지 못한다는 것을

(В) 그들이 율리야 스테파노바의 첫 공연을 방문하지 못할까 봐

정답 (В) они не смогут посетить первое выступление Юлии Степановой

11. 디마는 율리야 스테파노바의 부상을 _____생각합니다.

(А) 큰 불행이라고

(Б) 전 세계에서 가장 슬픈 비극 중 하나라고

(В) 당연한 것이라고

정답 (А) большой неудачей

☑️ 듣기 스크립트

А: Добрый день! Фитнес-клуб «Онегин»! Чем могу помочь?

Б: Здравствуйте! [12] Я собираюсь записаться в ваш спортивный зал и хочу задать вам несколько вопросов.

А: Слушаю вас!

Б: Скажите, пожалуйста, сколько стоит клубная карточка на месяц?

А: На месяц? [13/15] 10.000 рублей. Но если вы заплатите сразу за 3 месяца, вы можете получить десятипроцентную скидку.

Б: Тогда лучше записаться на 3 месяца. А в какое время работает клуб?

А: [14] Наш клуб работает круглосуточно. Вы можете тренироваться в любое удобное для вас время.

Б: Замечательно! Я обычно заканчиваю работать очень поздно. Так что хорошо, что я могу тренироваться после работы.

А: Отлично. [13] А ещё, если вы купите трёхмесячный абонемент, вы сможете пользоваться не только тренажёрами, но и ходить на разные занятия совершенно бесплатно. У нас в клубе проводятся персональные занятия с опытными тренерами, занятия йогой и пилатесом.

Б: Да, это очень выгодно! А как добраться до вашего центра? Сейчас я нахожусь около станции метро «Китай-город».

А: Оттуда вы можете дойти пешком. Наш клуб находится напротив магазина «Детский мир».

Б: Это совсем недалеко. Тогда я зайду вечером после работы. Спасибо вам!

А: Пожалуйста, ждём вас.

- -

А: 좋은 점심입니다. 피트니스 클럽 '오네긴'입니다! 무엇을 도와드릴까요?

Б: 안녕하세요! [12] 저는 당신의 체육관에 등록을 하려고 하는데, 당신에게 몇 가지 질문을 하고 싶어요.

А: 말씀하세요!

Б: 한 달 정기권(피트니스 클럽 한 달용 카드)은 얼마인가요?

А: 한 달이요? [13/15] 10,000루블입니다. 그런데 3달치를 한 번에 결제하신다면, 10% 할인을 받을 수 있습니다.

Б: 그러면 3달을 등록하는 것이 더 좋겠네요. 클럽은 언제 운영되나요?

А: [14] 우리 클럽은 24시간 운영됩니다. 당신에게 편한 시간 언제든 운동할 수 있어요.

Б: 훌륭하네요! 보통 일이 엄청 늦게 끝나요. 퇴근 후에도 운동할 수 있다는 게 정말 좋네요.

А: 좋아요. [13] 그리고 또, 3개월 사용권을 구매한다면, 운동 기구를 사용하는 것뿐 아니라 다양한 운동 프로그램에도 완전 무료로 다닐 수 있어요. 우리 클럽에서는 숙련된 트레이너와 함께하는 개인 수업, 요가 수업, 필라테스 수업이 진행되고 있어요.

Б: 네, 엄청 이득이네요! 당신 센터까지는 어떻게 갈 수 있나요? 저는 지금 지하철역 '키타이 고로드' 근처에 있어요.

А: 거기서부터 걸어서 오실 수 있어요. 우리 클럽은 '제츠키 미르' 가게 맞은편에 위치하고 있습니다.

Б: 완전 멀지 않은 곳이네요. 그러면 저녁에 퇴근 후 들를게요. 감사합니다!

А: 천만에요, 당신을 기다리고 있을게요.

12. 화자는 무슨 목적으로 체육관에 전화를 걸었습니까?

(А) 그는 심심했고, 그래서 단지 대화를 좀 나누기로 결심했습니다.

(Б) 그는 체육관에서 운동을 시작하고 싶어했고, 그래서 질문 몇 개를 하기로 결정했습니다.

(В) 그는 트레이너들과 알고 지내고 싶어합니다.

정답 (Б) Он хочет начать заниматься в зале, поэтому решил задать несколько вопросов.

13. 대답하는 사람은 화자에게 피트니스 클럽에 한 달이 아닌 몇 달 동안 등록하라고 제안하고 있습니다. _____ .

(А) 왜냐하면 할인을 받을 수 있고 다양한 서비스를 사용할 수 있기 때문입니다

(Б) 건강은 사람에게 엄청 중요하고 소중히 해야 하기 때문입니다

(В) 그는 더 많이 돈을 벌고 싶어하기 때문입니다

정답 (А) так как можно получить скидку и пользоваться разными услугами

14. 피트니스 클럽은 언제 운영됩니까?

(А) 아침부터 저녁까지.

(Б) 오직 저녁에만.

(В) 하루 24시간 동안.

정답 (В) 24 часа в сутки.

15. 만일 화자가 피트니스 클럽에 3개월 등록을 한다면, 그는 _____ 을 지불해야 합니다.

    (А) 30,000 루블

    (Б) 27,000 루블

    (В) 10,000 루블

정답 (Б) 27,000 руб

문제 16-18번. 텍스트(광고 내용)를 잘 듣고 관련 문제를 풀어 보세요.

☑️ 듣기 스크립트

> Думаете, лето уже закончилось?
>
> Неправда! Ваше солнечное лето ещё продолжается.
>
> Горячий песок, ласковое море, сумасшедшие приключения ждут вас.
>
> [17] Туристическое агентство «Тихий океан» с удовольствием поможет вам получить именно тот отдых, который вы хотите.
>
> Туры «Тихого океана» - это безошибочный вариант отпуска на любой вкус и бюджет.
>
> [18] Авиабилеты с большой скидкой, отель, увлекательные экскурсии... всё включено! Вы просто собираете вещи и улетаете на курорт.
>
> Срочно звоните, выбирайте и покупайте путёвки! Номер телефона: 435 – 01 – 01.
>
> -
>
> 여름이 벌써 끝났다고 생각하십니까?
>
> 사실이 아닙니다! 여러분의 빛나는 여름은 아직 계속되고 있습니다.
>
> 뜨거운 모래, 잔잔한 바다, 미치도록 즐거운 모험들이 여러분을 기다리고 있습니다.
>
> [17] '태평양' 여행사는 여러분들이 원하는 바로 그런 휴식을 얻을 수 있도록 여러분을 기꺼이 도와드릴 것입니다.
>
> '태평양'의 투어는 어떤 취향이든, 어떤 예산이든 휴가를 위한 틀림없는 선택지입니다.
>
> [18] 큰 할인율을 지닌 비행기 티켓, 호텔, 흥미로운 견학... 모든 것이 포함되어 있습니다! 여러분들은 그저 짐만 싸고 휴양지로 떠나는 겁니다.
>
> 빨리 전화 주시고, 여행 상품을 선택해서 구매하세요! 전화번호는 435-01-01입니다.

16. 당신은 _____ 들었습니다.

(А) 광고를

(Б) 인터뷰를

(В) 토크쇼를

정답 (А) рекламу

17. 화자는 사람들에게 _____ 제안하고 있습니다.

(А) 빨리 항공 표를 구매하기를

(Б) 휴가 때 어디든지 떠나기를

(В) 저렴한 호텔을 예약하기를

정답 (Б) поехать куда-нибудь в отпуск

18. 투어에는 비행기 표, 견학, _____ 포함되어 있습니다.

(А) 맛있는 음식이

(Б) 예산에 맞는 (가격 대비 훌륭한) 레스토랑이

(В) 호텔이

정답 (В) гостиницы

문제 19 – 24번. 텍스트를 잘 듣고 관련 문제를 풀어 보세요.

☑ 듣기 스크립트

[19] Добрый день, ребята! Добро пожаловать в музей-заповедник, Царицыно. Сегодня я хочу познакомить вас с интересным рассказом об этом удивительном месте.

Царицыно – один из самых красивых дворцово-парковых комплексов Москвы. Царицыно находится на юге Москвы, и многие москвичи любят посещать его, так как до него очень легко добраться. Но раньше название этого парка было совсем другим. До 1775 года старинная подмосковная усадьба называлась «Чёрной грязью». Но всё изменилось в 1775 году, когда Екатерина II посетила эту усадьбу и купила её. Императрица влюбилась в это место с первого взгляда! [20] Она сразу решила построить там подмосковное «Царское село» и дала ему название «Царицыно». Но Екатерина II не хотела разрушать прекрасный исторический парк и портить живописные пейзажи. Именно поэтому она попросила архитектора Василия Баженова строить дворцы, сохраняя прежний вид этого места.

Когда Василий строил дворцовый ансамбль, он старался, чтобы все здания гармонично вписывались в природный ландшафт.

Но процесс постройки был нелёгким, судьба этого места оказалась драматичной. [21] Когда все здания были готовы, Екатерине II вдруг не понравился Главный дворец. Ей казалось, что комнаты Большого дворца слишком маленькие и тесные, и она подумала, что там будет очень неудобно жить. Поэтому она приказала уволить Василия и сделать всё по-другому. Ученики Василия начали заново строить Главный дворец, переделывая работу своего учителя. И наконец результат превзошёл все ожидания и очень понравился императрице.

К сожалению, Екатерина II не смогла долго прожить в своём раю на Земле. Через несколько лет после постройки она умерла, и в этой резиденции никто из царской семьи больше не жил.

Спустя время многое изменилось. В начале XIX века Царицыно стало популярным местом для загородных прогулок. [23] А в 1860 году дворцы и другие здания начали сдавать в аренду. Благодаря этому самые обычные люди могли пожить во дворце, как царская семья. Потом Царицино стало прекрасным престижным местом для отдыха. Здесь отдыхали и отдыхают не только писатели, художники, композиторы, но и известные артисты. Поэтому сейчас в этом парке можно увидеть разные красивые дачи.

Царицыно пережило и трудные, и интересные события. Благодаря этому в Царицыно находятся не только дачи, дворцы, парки, музеи, но и разные исторические заведения. [22] В выходные многие москвичи приходят сюда наслаждаться прекрасной природой и приятной атмосферой. Невозможно осмотреть Царицыно за несколько часов, обязательно надо посетить его ещё раз.

[24] А теперь мы пойдём в Хлебный дом, где хранится большая коллекция советского искусства. Ребята, идите за мной.

----

[19] 여러분, 좋은 오후입니다! 박물관이자 보호 구역인 짜리찌노에 오신 것을 환영합니다. 오늘 저는 여러분께 이 놀라운 장소에 대한 흥미로운 이야기를 소개해 주고 싶습니다.

짜리찌노는 모스크바의 가장 아름다운 궁전 공원 복합 건축물 중 하나입니다. 짜리찌노는 모스크바 남부에 위치하고 있으며, 매우 쉽게 도달할 수 있기 때문에 많은 모스크바인들이 이곳을 방문하는 것을 좋아합니다. 하지만 예전에 이 공원의 명칭은 완전 다른 것이었습니다. 1775년까지 예스러운 모스크바 근교의 저택은 '검은색 진흙'으로 불렸습니다. 하지만 예카테리나 2세가 이 저택을 방문하고 구매했던 1775년에 모든 것은 바뀌었습니다. 여왕은 이 장소에 첫눈에 반해 버렸습니다! [20] 그녀는 곧바로 그곳에 모스크바 근교의 '황제 마을'을 짓기로 결정했고, 이곳에 '짜리찌노'라는 명칭을 주었습니다. 하지만 예카테리나 2세는 훌륭한 역사적인 공원을 파괴하거나 그림같은 풍경들을 망치고 싶어하지 않았습니다. 바로 그렇기 때문에 그녀는 바실리 바쥐노프라는 건축가에게 이 장소의 이전 모습을 유지하며 궁전을 지어 달라고 부탁했습니다. 바실리가 조화로운 궁전들(궁전 앙상블)을 지을 때, 그는 모든 건물들이 조화롭게 자연 풍경에 어우러지도록 노력했습니다.

하지만 건설 과정은 쉽지 않았고, 이 장소의 운명은 드라마틱했습니다. [21] 모든 건물이 다 지어졌을 때, 예카테리나 2세는 별안간 메인 궁전을 마음에 들어하지 않았습니다. 그녀는 볼쇼이 궁전의 방들이 지나치게 작고 좁다고 생각했고, 그곳에서 사는 것이 엄청 불편할 것이라 생각했습니다. 그래서 그녀는 바실리를 해고하고 모든 것을 다른 식으로 만들 것을 명령했습니다. 바실리의 제자들이 스승의 작업을 개조하며 새롭게 메인 궁전을 짓기 시작했습니다. 그리고 마침내 결과는 모든 기대를 뛰어 넘었고, 여왕이 매우 마음에 들어 했습니다.

안타깝게도, 예카테리나 2세는 지구상에 있는 자신의 천국에서 오랫동안 살 수 없었습니다. 건설이 끝나고 몇 년 후 그녀는 사망했고, 이 저택에는 황족 중 그 누구도 더이상 살지 않았습니다.

시간이 흐른 뒤 많은 것이 변화했습니다. 19세기 초, 짜리찌노는 교외 산책을 위한 대중적인 장소가 되었습니다. [23] 반면 1860년에는 궁전과 다른 건물들을 임대로 내어 주기 시작했습니다. 이 덕분에 가장 평범한 사람들도 황족처럼 궁전에 잠깐 동안 살아 볼 수 있었습니다. 후에 짜리찌노는 휴식을 위한 훌륭한 명망 높은 장소가 되었습니다. 이곳에서는 작가, 화가, 작곡가뿐 아니라 유명한 예술가들도 휴가를 보냈거나 지금도 보내고 있습니다. 그래서 현재 이 공원에서는 다양한 아름다운 다챠(러시아식 별장)를 볼 수 있습니다.

짜리찌노는 힘들고도 재미있는 사건들을 경험했습니다. 이 덕분에 짜리찌노에는 다챠, 궁전, 공원, 박물관들뿐 아니라 다양한 역사적 건물들도 위치하고 있습니다. [22] 주말에는 많은 모스크바인들이 훌륭한 자연과 쾌적한 공기를 즐기기 위해 이곳으로 오곤 합니다. 짜리찌노를 몇 시간만에 둘러보는 것은 불가능하기 때문에, 반드시 이곳을 한 번 더 방문할 필요가 있습니다.

[24] 그리고 이제 우리는 방대한 소비에트 예술 컬렉션이 보관된 흘레브늬 돔으로 갈 것입니다. 자 여러분, 제 뒤를 따라오세요.

19. 당신은 _____ 들었습니다.

(A) 강의를

(Б) 가이드의 안내를

(В) 라디오 프로그램을

정답 (Б) сообщение гида

20. 짜리찌노에 _____ 요청으로 '황제 마을'을 짓기 시작했습니다.

(A) 예카테리나 2세의

(Б) 바실리 바줴노프의

(В) 바실리 바줴노프의 제자 하나의

정답 (A) Екатерины II

21. 왜 여왕은 메인 궁전을 마음에 들어하지 않았습니까?

　(A) 메인 궁전이 지나치게 현대식으로 보였습니다.

　(Б) 그녀는 바실리 바줴노프를 싫어했습니다.

　(В) 그녀는 궁전의 모든 방들이 매우 작아서 그곳에서 사는 것이 불가능하다고 생각했습니다.

　정답 (В) Она подумала, что все комнаты дворца очень маленькие, и жить там будет невозможно.

22. 주말에 많은 모스크바인들은 ＿＿＿＿＿＿ 짜리찌노에 오곤 합니다.

　(A) 이곳이 모스크바에서 가장 대중적인 장소이기 때문에

　(Б) 그곳에서 쉬고 산책을 하기 위해서

　(В) 예카테리나 2세가 예전에 그곳에서 어떻게 살았는지를 보고 싶어하기 때문에

　정답 (Б) чтобы отдохнуть и погулять там

23. 짜리찌노에서는 방을 임대로 내어 주었습니다, 그래서 ＿＿＿＿＿＿ .

　(A) 유명한 사람들뿐 아니라 평범한 사람들도 그곳에 머무를 수 있었습니다

　(Б) 이 장소의 주인은 많은 돈을 받았습니다

　(В) 많은 예술가들이 그곳에 살고 싶어 했습니다

　정답 (A) не только известные, но и обычные люди могли пожить там

24. 화자는 관광객들에게 ＿＿＿＿＿＿ 제안했습니다.

　(A) 그와 함께 다른 장소로 가자고

　(Б) 다음번에 모든 건물을 둘러보자고

　(В) 방을 빌리자고

　정답 (A) пойти с ним в другое место

☑️ 듣기 스크립트

A: Скажите, пожалуйста, что вы думаете о цирке?

Б: По-моему цирк – это одно из лучших средств от стресса и обычной скучной жизни. [27] Можно сказать, что цирк уже вошёл в жизнь практически каждого москвича.

A: [27] Вы уверены в этом?

Б: [27] Абсолютно. Даже те, кто не любит цирк, всё равно смотрят с семьёй цирковые передачи и по телевизору, ходят в цирк с детьми на их день рождения или какие-нибудь праздники. [28] А некоторые родители даже заставляют детей ходить в цирковые центры, чтобы они занимались спортом. Это показывает, что цирк уже не просто развлечение, а часть жизни!

A: [29] Но есть просто цирк и профессиональный цирк.

Б: Ну конечно, согласен с вами. Когда мы спрашиваем друзей, любят ли они цирк, мы имеем в виду просто цирк. [29] Но когда мы задаём артистам тот же вопрос, мы имеем в виду не простой, а серьёзный цирк.

A: А как вы думаете, серьёзный цирк нужен обычному человеку?

Б: Многие считают, что профессиональный цирк нужен только артистам. [30] Но я думаю, что нам нужны лидеры в цирке, потому что их упорный труд и результаты показывают, что может человек, на что он способен. А это много значит для каждого из нас. Ещё многие люди часто ходят в цирк повеселиться. Благодаря этому дети могут научить ся креативно думать, а взрослые вспоминают о своём детстве. Невозможно представить жизнь без цирка.

- -

A: 서커스에 대해서 어떻게 생각하시는지 말씀해 주실 수 있을까요?

Б: 제 생각에 서커스는 스트레스와 평범하고 지루한 삶을 피할 수 있는 가장 좋은 수단 중 하나입니다. [27] 서커스는 거의 모든 모스크바인들의 생활에 이미 들어와 있다고 말할 수도 있습니다.

A: [27] 확신하시나요?

Б: [27] 완전히요. 심지어 서커스를 좋아하지 않는 사람들도 어찌 됐든 가족들과 텔레비전으로 서커스 프로그램을 시청하거나, 아이들의 생일이나 어떤 기념일 때마다 아이들과 서커스에 가잖아요. [28] 그리고 몇몇 부모들은 심지어 아이들이 운동을 할 수 있도록, 아이들을 서커스 센터에 다니게 하기도 해요. 이것은 서커스가 이미 단순히 오락이 아닌 삶의 부분이라는 것을 보여 줍니다.

A: [29] 하지만 단순한 서커스와 전문 서커스가 있기도 해요.

Б: 당연히, 당신의 의견에 동의합니다. 우리가 친구들에게 서커스를 좋아하는지 물어볼 때는, 단순한 서커스를 의미하는 것이죠. [29] 하지만 우리가 예술가들에게 같은 질문을 할 때, 우리는 단순한 서커스가 아닌 진지한 서커스를 의미하는 것입니다.

A: 그러면 진지한 서커스가 평범한 사람들에게 필요하다는 것에 어떻게 생각하십니까?

Б: 많은 사람들은 전문 서커스는 예술가들에게만 필요하다고 여깁니다. [30] 하지만 저는 우리에게는 서커스 지도자들이 필요하다고 생각합니다. 왜냐하면 그들의 끈기 있는 노력과 결과들은 사람이 무엇을 할 수 있고, 사람이 어떤 능력이 있는지를 보여 주기 때문입니다. 그리고 이것은 우리 모두에게 많은 것을 의미합니다. 또한 많은 사람들은 즐기기 위해 서커스에 자주 가곤 합니다. 이 덕분에 아이들은 창의적으로 생각하는 것을 배울 수 있고, 반면 어른들은 자신의 어린 시절을 추억하기도 합니다. 서커스 없는 삶을 상상하는 것은 불가능해요.

25. 당신은 _____ 들었습니다.

   (A) 이야기를

   (Б) 인터뷰를

   (В) 기사를

   정답 (Б) интервью

26. _____ 대화를 나눴습니다.

   (A) 두 명의 서커스 예술가가

   (Б) 부모님과 서커스 예술가가

   (В) 기자와 서커스 예술가가

   정답 (В) журналист и артист из цирка

27. 화자는 오늘날 _____ 여깁니다.

   (A) 서커스에 관심있는 사람이 적다고

   (Б) 서커스에 관심있는 사람이 거의 없다고

   (В) 완벽히 모든 사람들이 서커스에 관심이 있다고

   정답 (В) абсолютно все интересуются цирком

28. 부모들은 _____ 아이와 함께 서커스 센터에 다닙니다.

(A) 아이들이 곡예사들 보고 싶어하기 때문에

(Б) 아이들이 서커스 예술을 배우도록 하기 위해서

(В) 아이들의 생일일 때

정답 (Б) чтобы дети занимались цирковым искусством

29. 진지한 서커스는 _____ 입니다.

(A) 텔레비전 프로그램

(Б) 서커스 스튜디오에서의 수업

(В) 전문적인 서커스

정답 (В) профессиональный цирк

30. 화자는 전문 서커스가 _____ 생각합니다.

(A) 많은 사람들에게 중요하다고

(Б) 건강에 유익하다고

(В) 오직 몇몇 부모들에게만 흥미롭다고

정답 (A) важен для многих людей

S 시원스쿨닷컴

МАТРИЦЫ

Чтение

Имя, фамилия _____ Страна _____ Дата _____

1	А	Б	В		11	А	Б	В
2	А	Б	В		12	А	Б	В
3	А	Б	В		13	А	Б	В
4	А	Б	В		14	А	Б	В
5	А	Б	В		15	А	Б	В
6	А	Б	В		16	А	Б	В
7	А	Б	В		17	А	Б	В
8	А	Б	В		18	А	Б	В
9	А	Б	В		19	А	Б	В
10	А	Б	В		20	А	Б	В

МАТРИЦЫ

Аудирование

Имя, фамилия _____ Страна _____ Дата _____

1	А	Б	В
2	А	Б	В
3	А	Б	В
4	А	Б	В
5	А	Б	В
6	А	Б	В
7	А	Б	В
8	А	Б	В
9	А	Б	В
10	А	Б	В
11	А	Б	В
12	А	Б	В
13	А	Б	В
14	А	Б	В
15	А	Б	В

16	А	Б	В
17	А	Б	В
18	А	Б	В
19	А	Б	В
20	А	Б	В
21	А	Б	В
22	А	Б	В
23	А	Б	В
24	А	Б	В
25	А	Б	В
26	А	Б	В
27	А	Б	В
28	А	Б	В
29	А	Б	В
30	А	Б	В

MEMO

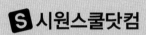

토르플 읽기 듣기

1단계

초판 1쇄 발행 2023년 1월 6일

지은이 김애리, 시원스쿨어학연구소
펴낸곳 (주)에스제이더블유인터내셔널
펴낸이 양홍걸 이시원

홈페이지 www.siwonschool.com
주소 서울시 영등포구 국회대로74길 12 시원스쿨
교재 구입 문의 02)2014-8151
고객센터 02)6409-0878

ISBN 979-11-6150-676-0
Number 1-541110-17170400-06

이 책은 저작권법에 따라 보호받는 저작물이므로 무단복제와 무단전재를 금합
니다. 이 책 내용의 전부 또는 일부를 이용하려면 반드시 저작권자와 ㈜에스제
이더블유인터내셔널의 서면 동의를 받아야 합니다.